Serial killers

Nas mentes dos monstros

Charlotte Greig

Serial killers

Nas mentes dos monstros

Tradução:
Larissa Wostog Ono

MADRAS®

Publicado originalmente em inglês sob o título *Evil Serial Killers – In the Minds of Monsters* por Arcturus Publishing Limited.

Editor:
Wagner Veneziani Costa

Produção e Capa:
Equipe Técnica Madras

Tradução:
Larissa Wostog Ono

Revisão Tradução:
Fernanda Brincoletto

Revisão:
Flávia Ramalhete
Letícia Pieroni

Dados Internacionais de Catalogação na Publicação (CIP)
(Câmara Brasileira do Livro, SP, Brasil)

Greig, Charlotte
Serial killers : nas mentes dos monstros / Charlotte Greig ;
tradução Larissa Wostog Ono. -- São Paulo : Madras, 2012.
Título original: Evil serial killers Bibliografia

2ed

ISBN 978-85-370-0624-5

1. Assassinos em série 2. Assassinos em série - Psicologia
3. Investigação de assassinato em série I. Título.

10-10174 CDD-364.1523092

Índices para catálogo sistemático:
1. Assassinos em série : Criminologia :
Biografia 364.1523092

MADRAS EDITORA LTDA.
Rua Paulo Gonçalves, 88 – Santana
CEP: 02403-020 – São Paulo/SP
Caixa Postal: 12183 — CEP: 02013-970
Tel.: (11) 2281-5555– Fax: (11) 2959-3090
www.madras.com.br

Índice

Introdução ... 7
Anjos da morte ... 13
Canibais insanos ... 29
Amantes demoníacos ... 51
Oportunistas ... 81
Caçadores da estrada ... 97
Assassinos maníacos ... 113
Assassinos pedófilos ... 133
Franco-atiradores psicóticos ... 149
Assassinos estupradores ... 165
Estripadores impiedosos ... 187
Estranguladores sádicos ... 213
Exterminadores da periferia ... 237
Assassinos vampíricos ... 255
Índice remissivo ... 273
Bibliografia ... 283
Créditos de fotos ... 285

Introdução

Para a maioria de nós, a mente doentia de um serial killer é um livro fechado que talvez tenhamos a curiosidade de abrir; mas, uma vez aberto, nos enche de terror. O que esperamos encontrar nele? Horror inimaginável, desejos não pronunciados, compulsões inexplicáveis e crueldade desumana – na melhor das hipóteses. Na pior delas, devemos encontrar uma excitante identificação conosco, algum reconhecimento de nossa curiosidade sobre a morte e o fim. Embora muitos de nós neguemos, somos fascinados por aquilo que os serial killers fazem, como e por que eles fazem. Queremos conhecer as diferentes maneiras como o corpo humano pode ser destruído, desmembrado e ritualmente abusado; sobre como as vítimas sofrem; sobre as ligações entre sexo, dor, tortura e morte. Talvez muitos de nós queiramos saber sobre o aspecto psicológico do serial killer, o indivíduo que age sob o mais obscuro dos impulsos humanos, e deixa que eles emerjam para a vida real.

O matador solitário

Assassinos em massa existem desde o início dos registros históricos. Em algumas épocas, eram reis, rainhas e príncipes – pense em Vlad, o Empalador; Catarina, a Grande; ou o insano líder otomano Murad IV. Métodos de tortura e assassinato terrivelmente cruéis que hoje consideramos totalmente desumanos fizeram parte da vida cotidiana durante muitos séculos e civilizações, desde os astecas e os bárbaros, até as antigas culturas da Polinésia e a Europa Medieval. Nos tempos modernos, atrocidades autorizadas pelos governos foram cometidas em larga escala, por exemplo, na Alemanha nazista e, mais recentemente, em Ruanda. Porém, o fenômeno do serial killer, que geralmente é solitário e secreto, e mata vítimas uma de cada vez, é diferente. Eles são os assassinos que consideramos particularmente perturbados, as pessoas "comuns" que poderiam ser nossos vizinhos de porta ou colegas de trabalho, indivíduos que devem ter históricos de problemas familiares, mas que, em face a isso, não têm mais razões para matar do que o resto de nós. Esses são os assassinos que nos intrigam e aterrorizam, exatamente porque eles parecem – superficialmente – bastante comuns, e ainda mais, pessoas "iguais a nós". Porém, quando são finalmente pegos, eles revelam ter torturado e matado uma série de vítimas inocentes, geralmente das maneiras mais horríveis que se pode imaginar.

O assassino "comum"

Nossa lista de serial killers contém muitas pessoas aparentemente comuns. Ted Bundy, por exemplo,

> "Assim como Bundy e Nilsen, Gacy se disfarçou em seu ambiente, raramente dando qualquer indicação dos horrores de sua vida pessoal."

era um homem atraente e autoconfiante que ficou foragido durante muitos anos justamente porque parecia improvável que tivesse a famosa imagem de um assassino solitário e psicótico. Contudo, Bundy matou dezenas de jovens mulheres e garotas, tendo a mais nova 12 anos. Antes de espancar suas vítimas até a morte, ele as estuprou e mordeu seus corpos com ferocidade, em geral deixando-os completamente marcados. (Foram as marcas de mordida que finalmente levaram à sua condenação, quando um molde de seus dentes correspondeu às marcas nos corpos.) Enquanto isso, na Grã-Bretanha, o ex-policial Dennis Nilsen, homossexual não assumido, matou uma série de homens que levava à sua casa e guardava partes de seus corpos de uma maneira bizarra, posteriormente descrita por seu biógrafo Brian Masters como "matando por companhia". Suas vítimas eram em sua maioria jovens sem ocupação, entre eles um *skinhead* com a frase "corte aqui" tatuada em seu pescoço – uma instrução que Nilsen infelizmente levou ao pé da letra. Apenas quando seu apartamento começou a ficar lotado que Nilsen passou a ferver as partes dos corpos e mandá-los descarga abaixo, entupindo os encanamentos do banheiro, fazendo-o ser finalmente pego.

Do mesmo modo, apenas quando a polícia visitou a casa do serial killer John Wayne Gacy e sentiu o desagradável cheiro fétido vindo da tubulação sob a casa que sua sinistra quantidade de horríveis assassinatos foi descoberta. Assim como Bundy e Nilsen, Gacy se disfarçou em seu ambiente, raramente dando qualquer indicação dos horrores de sua vida pessoal. Gacy era um empreiteiro respeitado que vivia em um bairro de classe média, era ativo na política, e fantasiava-se de palhaço em festas infantis e eventos de caridade. Desconhecido por seus vizinhos, no entanto, durante anos ele atraiu para sua casa garotos de aproximadamente nove anos de idade, praticava sodomia com eles, os torturava em uma cremalheira caseira e finalmente os asfixiava antes de se livrar dos corpos. Em um final assustador para sua carreira de assassino, quando estava no corredor da morte, ele continuou a trabalhar como um homem de negócios empreendedor, vendendo suas pinturas de caveiras e palhaços, que se tornaram itens de colecionador e alcançaram altos preços.

"...no caso de Erzebet, ela gostava de torturar criadas até a morte."

Figuras históricas

É óbvio que no passado muitos serial killers não tinham a necessidade de se esconder por trás da fachada de uma vida convencional. Figuras históricas, como a condessa húngara do século XVI, Erzebet Bathory, estavam em uma posição que podiam fazer o que queriam. No caso de Erzebet, ela gostava de torturar criadas até a morte: perfurava-as com alfinetes, agulhas e ferretes, queimava suas vaginas com velas acesas e então atacava suas vítimas freneticamente, dilacerando seus seios. Durante as sessões de tortura, ela também mordia grandes pedaços da carne das garotas. Uma das vítimas foi obrigada a cozinhar e comer sua própria carne. Após tais rituais orgíacos de tortura e assassinato, os corpos das garotas eram deixados para se putrefazerem ou lançados para fora do castelo a fim de alimentar os lobos. Isso continuou durante anos, sem que ninguém interferisse. Apenas quando Erzebet começou a torturar filhas da nobreza em vez de meras camponesas, o rei decidiu pôr um fim a suas atividades e ordenou uma invasão noturna ao castelo, pegando-a em flagrante. Mesmo assim, em vez de ser executada como suas criadas cúmplices, Erzebet recebeu uma punição especial e apesar de ter matado centenas de vítimas, terminou aprisionada nas salas de seu castelo.

Assassinos anônimos

Talvez ainda mais assustadores do que esses monstros da depravação, sejam os históricos ou os dos dias modernos, são os únicos que escaparam. O mais abominável de todos, sem dúvida, é Jack, o Estripador. O fato de que suas vítimas foram brutalmente assassinadas, que ele aparentemente enviava mensagens debochadas para a polícia e que sua identidade permanece até hoje desconhecida, continua fazendo deste o mais perturbador e fascinante caso de todos os tempos.

Em 1888, foi atribuída a primeira vítima a Jack, o Estripador – uma prostituta da região de East End, em Londres, conhecida como "Polly", cujo nome verdadeiro era Mary Nichols. Sua garganta foi cortada e havia marcas profundas de facadas em seu estômago e genitais. Cerca de um mês depois, a prostituta Annie Chapman foi encontrada estripada e com suas entranhas sobre um dos ombros. Em um padrão comprovado como sendo horrivelmente familiar, partes do corpo – nesse caso, bexiga, vagina, útero e ovários foram retirados. Os assassinatos continuaram, cada um mais arrepiante que o anterior; no caso da vítima Catherine Eddowes, um rim foi removido e metade dele foi enviado à polícia com uma carta na qual o assassino se vangloriava por ter comido a outra metade. Finalmente com o assassinato de Mary Kelly, o Estripador alcançou novos níveis de violência e loucura: seu corpo foi estripado e sua mão foi introduzida no estômago. Além disso, seu fígado foi colocado em sua coxa, enquanto seus seios foram arrancados e posicionados ao lado de seu coração decepado, rins e nariz. Tiras de carne foram penduradas com pregos por todo o quarto onde ela foi assassinada. Uma necropsia revelou que Kelly estava grávida de três meses, mas o Estripador levou seu útero e feto consigo.

Jack, o Estripador nunca foi encontrado e especulações a seu respeito (ou, de acordo com uma teoria, "a Estripadora") continuam a surgir, projetando uma grande sombra sobre os habitantes de Londres durante muitos anos. Sempre que um novo assassinato era cometido, as pessoas temiam a mão do Estripador, e assassinatos que aconteceram antes de seu reinado de terror foram reexaminados. Atualmente, o caso ainda está em aberto, e a lista de suspeitos continua a crescer, visto que a evidência é repetidamente estudada de maneira minuciosa na esperança de que um dia o mistério seja resolvido.

Seres humanos cruéis

Mesmo quando sabemos exatamente quais crimes um serial killer cometeu, um mistério ainda paira: por que um ser humano mataria de maneira brutal e aleatória uma vítima atrás da outra, de acordo com o que geralmente parece ser um tipo de lógica desordenada? Enquanto deveríamos ser capazes de resolver o quebra-cabeça de uma série de crimes em particular, ou ao menos começar a construir uma imagem coerente da mente de um assassino, a existência de humanos cruéis na forma de serial killers permanece um enigma que nunca poderemos compreender por inteiro.

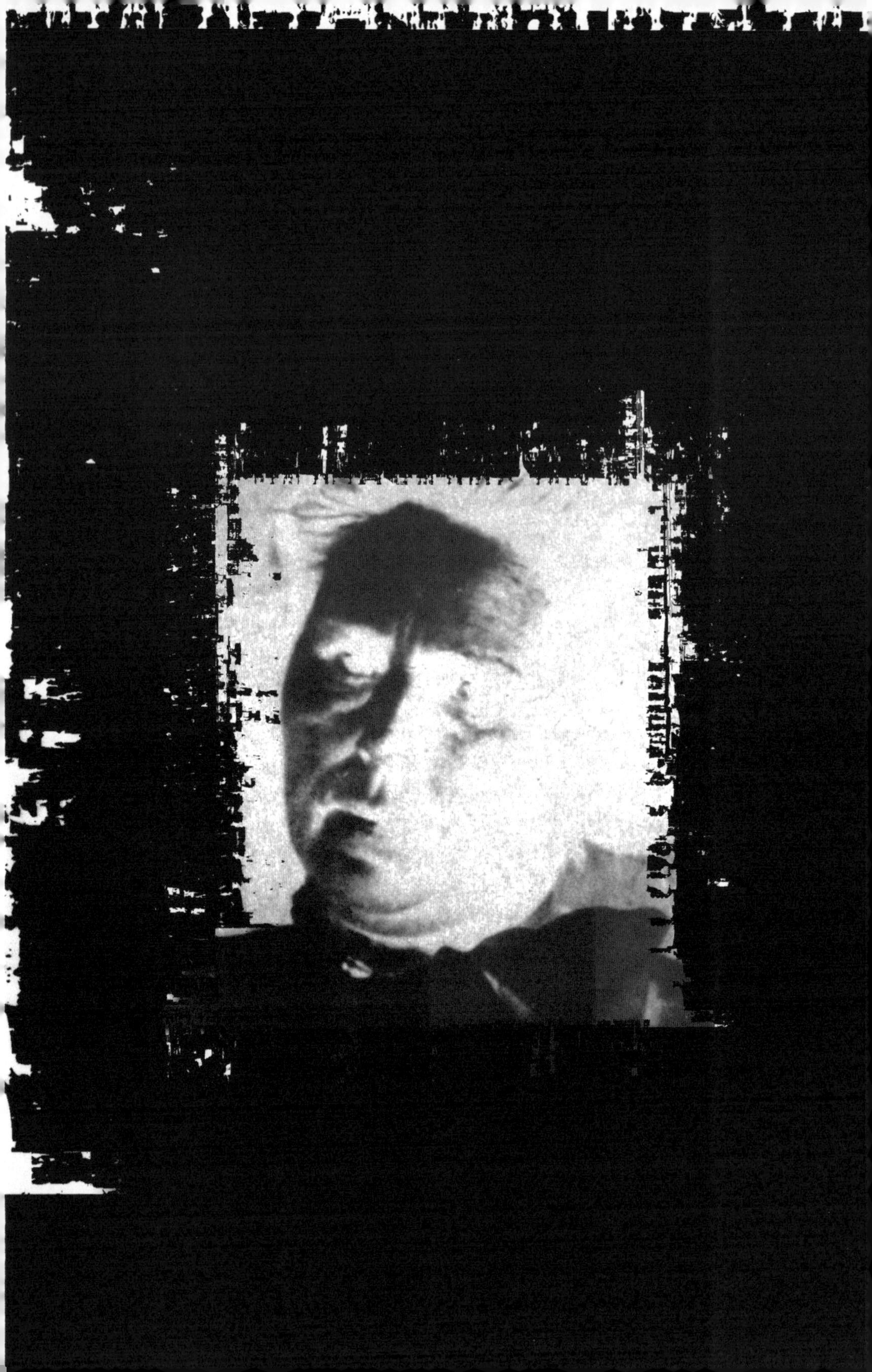

Anjos da Morte

Anjos da morte são os mais perturbadores de todos os serial killers. Eles são os assassinos que, quando estamos diante deles, parecem ser os cuidadores de nossa sociedade: donas de casa, avós, enfermeiros, médicos – resumindo, pilares da comunidade. Eles são homens e mulheres de família respeitados, que passaram suas vidas cuidando dos outros. Eles parecem improváveis como perpetuadores de assassinatos, de modo que seus crimes cruéis geralmente passam despercebidos durante anos, levando-os a matar dezenas, até centenas de vítimas.

O mais famoso anjo da morte é o médico de família britânico Harold Shipman. Durante duas décadas ele assassinou 200 pacientes idosas, possivelmente mais. Suas pacientes o viam como um homem dedicado que deixava suas coisas de lado para cuidar delas. Na verdade, porém, ele era um assassino demente que liquidava em segredo suas idosas, geralmente vítimas cujas saúdes estavam em perfeito estado, com doses mortais de morfina.

Além de cuidadores profissionais, como médicos e enfermeiros, há também os cuidadores informais – mães, avós, donas de casa e outros – que escondem por trás da bondade exterior uma mente malévola e perturbada. Essas pessoas parecem modelos de respeitabilidade, mas na realidade têm prazer em matar suas vítimas, geralmente de maneiras cruéis. Um exemplo disso é a primeira serial killer do sexo feminino dos tempos modernos que se tem conhecimento, Belle Gunness, cujo catálogo de assassinatos incluía seus filhos, maridos e amantes. Outro exemplo é Nannie Doss, que matou uma série de maridos envenenando-os com arsênico adicionado ao café e ameixas secas cozidas em veneno de rato.

O que caracteriza o anjo da morte é a incoerência entre a imagem de uma pessoa cuidadosa e gentil, preocupada em cuidar dos outros – e a realidade: um assassino impiedoso e psicótico que tem prazer em provocar sofrimento e morte.

Nannie Doss

Muitos serial killers foram movidos por ideias sexuais pervertidas. Nannie Doss foi possivelmente movida por uma noção pervertida sobre romances. Quando os investigadores questionaram essa avó de aparência suave a respeito dos quatro maridos assassinados (entre o total de pelo menos dez vítimas), ela explicou suas ações, dizendo: "Eu estava em busca do parceiro perfeito, o verdadeiro amor da minha vida".

Nancy "Nannie" Doss nasceu na cidade rural de Blue Mountain, na região de colinas do nordeste do Alabama, em 1905. Ela teve uma infância dura. Seu pai, James Hazle, era um fazendeiro autoritário que obrigava seus filhos a trabalhar como empregados da fazenda e lhes batia se falhassem ao manter seu exigente ritmo de trabalho. A despeito da severidade de seu pai (se não por causa disso), Nannie se tornou uma adolescente premeditada, conhecida por sua promiscuidade. Em 1921, aos 16 anos, ela se casou com um colega de trabalho da Linen Thread Company, Charles Braggs, com quem teve quatro filhos em rápida sucessão. Nannie se lançou no relacionamento para escapar de seu pai dominador, mas se encontrou vivendo com a mãe igualmente autoritária de seu novo marido. Quando Charles se tornou alcoólatra e mulherengo, Nannie respondeu a isso voltando para seus modos selvagens.

O casamento obviamente não foi construído para durar e veio a terminar de um modo que parecia ser uma tragédia dupla. Em 1927, os dois filhos do meio do casal morreram em episódios distintos de um possível envenenamento por comida. Até então ninguém havia suspeitado de crime, mas, em seguida, Charles Bragg fugiu levando com ele a filha mais velha do casal. Mais tarde, ele alegou que estava com medo de sua esposa e que havia decidido não mais comer qualquer coisa preparada por ela.

Outra "tragédia"

Com seu marido fora de casa, Nannie arrumou um emprego em uma fábrica de algodão para sustentar a si e à filha que sobrou, Florine. No devido tempo, ela cruzou

"Seu pai era um fazendeiro autoritário que obrigava seus filhos a trabalhar como empregados da fazenda"

o estado da Geórgia, mudando-se, e se casou novamente, com um homem chamado Frank Harrelson. Harrelson se tornou outro alcoólatra irresponsável, embora o relacionamento tenha durado até 1945, quando, aparentemente, outra tragédia se abateu. Mais uma vez, outra criança morreu – dessa vez, a filha de Florine, ou seja, a neta de Nannie. Florine havia deixado a filha mais nova com sua mãe enquanto visitava seu pai. Três dias depois o bebê estava morto. O palpite era que ele havia ingerido veneno de rato acidentalmente.

Após três meses, a primeira vítima adulta de Nannie lhe foi atribuída. Frank Harrelson voltou bêbado para casa e abusou dela várias

Facilmente dissolvido em outras substâncias, as vítimas inocentes de Nannie sequer tiveram chance contra suas doses letais de veneno.

vezes. No dia seguinte, ela colocou veneno de rato em seu uísque. Depois de muitos dias agonizando, ele estava morto e, mais uma vez, sem que ninguém suspeitasse de algo.

Para a sorte de Nannie, ela havia feito recentemente um seguro de vida para Frank, e então usou o pagamento para comprar uma casa em Jackson, Mississippi, onde viveu até 1947. A essa altura, Nannie respondeu a um anúncio pessoal – revistas de romance e colunas de pessoas solitárias* eram os assuntos preferidos sobre os quais Nannie lia – colocado por um homem chamado Arlie Lanning, de Lexington, Carolina do Norte. Eles se casaram dois dias após terem se conhecido. Porém, novamente, o novo marido de Nannie provou ser uma decepção. Arlie também era alcoólatra, e três anos depois Nannie estava farta dele. Em fevereiro de 1950, Nannie serviu uma refeição com ameixas secas cozidas e café. Ele teve dores de estômago durante dois dias e então morreu. Nannie contou aos vizinhos que suas últimas palavras foram: "Nannie, deve ter sido o café". É óbvio que ele estava errado: deve ter sido o arsênico no café, ou então as ameixas secas, cozidas em veneno de rato. É inútil dizer que o médico não suspeitou de assassinato, nem ao menos quando a casa deles – que deveria ter sido deixada para a irmã de Arlie, de acordo com o desejo deste – misteriosamente pegou fogo, deixando Nannie com o dinheiro do seguro.

Assim que o cheque do seguro foi compensado, Nannie deixou a cidade. Ela visitou sua irmã Dovie, que imediatamente desmaiou. Em 1952, Nannie se associou a uma novidade, uma agência de encontros chamada Diamond Circle Club. Por intermédio

* Em inglês, *lonely hearts* – nome dado à seção na qual pessoas publicam anúncios em busca de um parceiro.

da agência, Nannie conheceu Richard Morton, de Emporia, Kansas. Novamente, ele provou ser uma decepção, não por ser alcoólatra, e sim uma fraude e um mulherengo. Ele não seria a próxima vítima de Nannie, mas sua mãe Louise, que veio morar com ela em janeiro de 1953 – Louise teve dores crônicas no estômago e morreu. Três meses depois, o mesmo aconteceu com Richard Morton. Mais uma vez, os médicos falharam quando não pediram uma autópsia.

Durante seu breve casamento com Morton, Nannie continuou a se corresponder com seus "corações solitários" e logo após o funeral ela foi para Tulsa, Oklahoma, para se encontrar com o mais provável novo pretendente, Samuel Doss. Eles estavam casados em junho de 1953. Doss não era alcoólatra nem mulherengo: ele era um cristão puritano e avarento. Mais uma vez, o novo marido de Nannie foi reprovado na busca pelo parceiro perfeito. Pouco mais de um ano depois, em setembro de 1954, logo após ter comido um dos bolos de ameixa preparados por Nannie, Samuel deu entrada no hospital com dores no estômago. Ele sobreviveu e recebeu alta 23 dias depois. Naquela noite, Nannie serviu a ele um inocente leitão assado, que ela lavou com uma xícara de café misturado com arsênico. Ele morreu imediatamente, e dessa vez o médico sugeriu uma autópsia.

Foi encontrado no estômago de Samuel arsênico suficiente para matar 20 homens. A polícia confrontou Nannie, incapaz de acreditar que essa avó de 50 anos de idade poderia ser a assassina. Ela os desanimou ao rir de suas perguntas; então, quando eles a proibiram de continuar lendo suas revistas de romance, ela confessou ter matado não apenas Samuel, mas também seus três maridos anteriores.

As notícias causaram uma comoção imediata. A imprensa a apelidou de "Vovozinha risonha" e ela foi processada por assassinato. Ela foi devidamente condenada à prisão perpétua e após cumprir dez anos de sua sentença, morreu em 1965, aos 60 anos de idade. Investigações mais detalhadas revelaram que os quatro maridos de Nannie, dois filhos e a neta não foram as únicas vítimas – sua mãe, duas irmãs, um sobrinho e um neto também morreram em consequência de envenenamento por arsênico.

Belle Gunness

Belle Gunness pode reivindicar ser a primeira serial killer do sexo feminino dos tempos modernos. Ela era o arquétipo da assassina viúva negra, uma mulher que atraía repetidamente maridos e outros pretendentes, e rapidamente os matava por causa de seu dinheiro. Enquanto outros, como Nannie Doss, eram assassinos relativamente tímidos que esperariam durante anos para ter a chance de envenenar seu mais novo marido, Belle ficava feliz em executar a maioria de seus pretendentes quase que imediatamente, e se eles não quisessem tomar uma gota de cianureto, ela estava pronta para eliminá-los com o golpe de um machado ou martelo. Afinal, diante de pesados 125 quilos, não havia muitos homens capazes de vencê-la.

Belle Gunness poderia também reivindicar a fama pela segunda vez. Há poucos serial killers que foram bem-sucedidos ao evadir-se da lei mesmo depois de identificados. O húngaro Bela Kiss foi um deles e a norueguesa Belle Gunness foi outra.

Belle Gunness nasceu sob o nome de Brynhild Paulsdatter Storset, em 11 de novembro de 1859, no vilarejo pesqueiro de Selbu. Os pais de Belle tinham uma pequena fazenda lá, e seu pai também trabalhava como mágico. Belle, durante sua juventude, supostamente o acompanhava como equilibrista e é certo afirmar que ela andou na corda bamba pelo resto de sua vida.

Mãe adotiva

Em 1883, sua irmã mais velha, Anna, que havia emigrado para Chicago, convidou Belle para se juntar a ela nos Estados Unidos. Belle agarrou a chance de uma nova vida e rapidamente chegou a Chicago. No ano seguinte ela se casou com um imigrante de mesma origem, Mads Sorenson. Eles viveram felizes juntos durante a década seguinte ou mais. Não puderam ter filhos, mas adotaram três garotas, Jennie, Myrtle e Lucy. Os únicos dramas que abalavam estes esforçados imigrantes eram os incêndios frequentes que arruinavam seus negócios. Suas casas se incendiaram duas vezes e, em 1897, uma confeitaria que eles administravam também sucumbiu ao fogo. Felizmente eles estavam segurados.

O seguro também serviu bem a Bellle quando, em 30 de julho de 1900, Mads Sorenson morreu

"Ela era o arquétipo da assassina viúva negra."

subitamente em casa, sofrendo do que foi oficialmente registrado como insuficiência cardíaca, mas que estranhamente mostrava sintomas de envenenamento por estricnina. Surpreendentemente, ele morreu no dia em que um dos seguros de vida expirou e outro começava a viger, portanto, sua viúva em luto poderia solicitar ambas as indenizações.

Viúva em luto

Com sua herança de $8.500, Belle decidiu começar uma nova vida. Ela e sua família se mudaram para a cidade rural de La Porte, Indiana, um lugar conhecido por imigrantes escandinavos, e rapidamente se casou novamente, dessa vez com Peter Gunness, um conterrâneo. Esse casamento infelizmente não durou tanto quanto o primeiro. Em 1903, Peter morreu em um trágico acidente quando um moedor de linguiça supostamente caiu em sua cabeça. Se alguém notou que parecia que um golpe de machado poderia ter causado o ferimento na cabeça, as lágrimas da víuva em luto (e grávida) foram suficientes para aquietá-lo. Mais uma vez, havia um pagamento do seguro, agora de $4.000.

Belle nunca mais se casou, ao que parece, não por falta de tentativa. Ela publicou anúncios regulares em colunas de pessoas solitárias na imprensa em língua norueguesa. Descrevendo-se como uma viúva distinta, ela procurava por homens dispostos a sustentar suas investidas amorosas com um sólido investimento financeiro em sua futura vida a dois. Ela recebeu muitas respostas e muitos desses pretendentes de fato foram à La Porte, com dinheiro ou investimentos em mãos. Eles ficavam na cidade durante um ou dois dias, diziam aos seus entes queridos que estavam se preparando para casar com uma viúva rica e então desapareciam.

Esses homens não foram as únicas pessoas próximas a Belle a desaparecer. Sua filha adotiva, Jennie, também sumiu – Belle disse aos vizinhos que ela tinha ido para uma escola para garotas na Califórnia. Aparentemente, empregados com frequência desapareciam na fazenda Gunness. Segundo a crença de toda a comunidade, no entanto, Belle Gunness era uma cidadã exemplar que teve muita má sorte.

Essa imagem parecia ter sido intensificada de uma vez por todas até que, em 28 de abril de 1908, a casa de Belle pegou fogo. Bombeiros não conseguiram apagar a labareda a tempo, e os corpos de dois dos três filhos de Belle foram encontrados nos escombros, junto com o corpo de uma mulher adulta que presumiam ser de Belle – uma identificação mais precisa não pôde ser feita, pois o corpo havia sido decapitado. O corpo sem a cabeça era uma evidência clara de não se tratar de acidente, e sim de assassinato. A polícia imediatamente prendeu um suspeito óbvio, Ray Lamphere, um faz-tudo local que tivera um relacionamento de idas e vindas com Belle, mas havia recentemente rompido com ela e ameaçado incendiar sua casa.

Tal fato poderia ter sido o fim da questão se os investigadores não tivessem continuado a cavar o local, em busca da cabeça perdida do cadáver. Eles não a localizaram, mas encontraram ao redor da fazenda outros 14 cadáveres enterrados, a maioria no chiqueiro. Dentre eles, foram identificados dois faz-tudo, Jennie – a filha adotiva de Belle – e cinco esperançosos pretendentes. O restante foi considerado, supostamente, como outros pretendentes não identificados.

"Foram encontrados ao redor da fazenda outros 14 cadáveres queimados, a maioria no chiqueiro."

Uma viúva incomum

Estava terrivelmente claro que Belle Gunness não era uma viúva comum, mas uma serial killer perversa. Mais coisas fizeram sentido quando foi descoberto que alguns corpos resgatados do incêndio tinham cianureto em seus estômagos. Rumores de que o cadáver adulto do sexo feminino não era Belle foram imediatamente espalhados. Isso foi anulado parcialmente duas semanas depois, quando sua ponte dentária e dois dentes foram encontrados nos escombros, intocados pelo fogo – algo que pareceu suspeito. Alguns aceitaram isso como uma prova definitiva de que Belle estava morta, enquanto outros interpretaram simplesmente como um ato final de subterfúgio. A acusação de Ray Lamphere prosseguiu, mas o júri manifestou suas dúvidas a respeito da veracidade da morte de Belle acusando o faz-tudo apenas por incêndio culposo, não por assassinato.

Aparições de Belle Gunness se iniciaram quase que imediatamente e continuaram nos anos seguintes. A maioria delas era obviamente equivocada, e até hoje a verdadeira história da primeira serial killer do sexo feminino dos Estados Unidos permanece envolvida em mistério.

Harold Shipman

Com um total de 200 suspeitas de assassinatos atribuídas a seu nome, Harold Shipman é o assassino mais produtivo dos tempos modernos. Sua horrenda soma de vítimas o colocou à frente de Pedro Lopez, o "monstro dos Andes", que foi condenado por cometer 57 assassinatos em 1980. (Lopez afirmou ter matado muito mais, mas o número exato de mortes nunca foi verificado.) Até a revelação dos crimes de Shipman, Lopez tinha a distinção dúbia de estar no topo da lista dos serial killers; atualmente, porém, é um médico de família britânico, e não um desocupado colombiano sem recursos, que se tornou o assassino número um do mundo.

O preferido da mãe

A lamentável história se inicia em 1946, quando Harold Frederick Shipman nasceu em uma família de classe operária, em Nottingham. Conhecido como Fred, o garoto teve uma infância atípica. Ele tinha um irmão e uma irmã, mas era óbvio que ele era o preferido da mãe. Ela sentia que Fred era destinado a grandes coisas e ensinou-lhe que ele era superior a seus contemporâneos, embora não fosse especialmente inteligente e tivesse que trabalhar duro para alcançar sucesso acadêmico. Durante seu período escolar, ele fez poucas amizades com outras crianças, uma situação que se intensificou quando sua mãe ficou seriamente doente de câncer no pulmão. O jovem Shipman assumiu o papel de cuidador de sua mãe, ficando com ela após as aulas, à espera da visita do médico da família, que injetaria morfina nela para aliviar a dor. É possível que o estresse dessa experiência durante seus anos de formação o tenha levado a desenvolver uma doença mental, levando-o a reencenar o papel de cuidador e médico na forma macabra que ele adotou mais tarde.

Quando Shipman tinha 17 anos, sua mãe morreu em decorrência do câncer, após um processo longo e doloroso. Ele se matriculou na faculdade de medicina, apesar de ter que refazer seus exames admissionais. Embora fosse bom em esportes, ele não se esforçou muito para fazer amigos. Porém, nesse período, ele conheceu Primrose, que se tornou sua esposa. O casal teve quatro filhos logo que Shipman iniciou sua carreira como clínico geral. Para muitos, ele parecia bondoso

e agradável, mas colegas se queixavam de sua atitude superior e rudez. Então, ele começou a sofrer desmaios, que ele atribuiu à epilepsia. No entanto, surgiram provas perturbadoras de que ele, na verdade, estava usando grandes quantidades de petidina, sob o pretexto de prescrever a droga para seus pacientes. Ele foi proibido de exercer a carreira, mas, surpreendentemente, dois anos depois ele estava trabalhando novamente como médico, dessa vez em outra cidade.

Um pilar da comunidade

Em seu novo emprego, o trabalhador Shipman rapidamente ganhou o respeito de seus colegas e pacientes. Contudo, foi durante seu período em Hyde – mais de 24 anos –, que os assassinatos de 236 pacientes cometidos por Shipman foram estimados. Seu *status* de pilar da comunidade, sem mencionar seus modos gentis, durante muitos anos mascarou o fato de que a taxa de morte entre os pacientes de Shipman era assustadoramente alta.

Durante os anos, diversas pessoas, incluindo parentes dos falecidos e agentes funerários locais, levantaram suspeitas a respeito das mortes dos pacientes de Shipman. Suas vítimas sempre morriam subitamente sem que tivessem histórico de doenças terminais, e eram geralmente encontradas sentadas em uma cadeira, vestidas, em vez de estarem na cama. A polícia foi alertada e examinou os registros médicos, mas nada foi encontrado. Mais tarde ficou claro que Shipman havia falsificado os registros dos pacientes, mas a essa

O desenterro é geralmente feito à noite para evitar, tanto quanto possível, que as pessoas presenciem esse triste trabalho.

altura o calmo ar de autoridade do médico ainda o protegia de investigações detalhadas.

Então, Shipman cometeu um erro fatal. Em 1998, Kathleen Grundy, saudável e ativa ex-prefeita de 81 anos de idade com reputação de servir à comunidade, morreu subitamente em casa. Shipman foi chamado e declarou sua morte. Ele também afirmou que uma necropsia era desnecessária, visto que a havia visitado antes de morrer. Quando o funeral terminou, a filha da sra. Grundy, Angela Woodruff, recebeu uma cópia mal datilografada do testamento da mãe, deixando a Shipman uma grande quantia em dinheiro. A sra. Woodruff, sendo advogada, soube imediatamente que o documento era falso. Ela contatou a polícia, que tomou a atitude incomum de exumar o corpo da sra. Grundy, descobrindo que havia sido administrada uma dose letal de morfina.

De maneira surpreendente, no caso do assassinato da sra. Grundy, Shipman fez pouco esforço no

> "A investigação sobre o comportamento de Shipman incluiu o doloroso trabalho de desenterrar antigos pacientes."

sentido de esconder suas pistas, tanto por ter forjado cuidadosamente o testamento quanto por matar sua vítima com uma droga que pode ser rastreada menos facilmente. Ninguém sabe se isso foi por pura arrogância e estupidez ou pelo desejo latente de ser descoberto. Porém, uma vez descoberta a verdadeira natureza da morte da sra. Grundy, mais túmulos foram abertos e mais assassinatos vieram à tona.

Durante seu julgamento, Shipman não mostrou remorso algum em relação aos 15 assassinatos dos quais foi acusado. (Havia a certeza de outros, mas apenas esses foram mais do que suficientes para garantir uma pena perpétua.) Ele era insolente com a polícia e a corte, e continuou a afirmar sua inocência até o final. Ele foi condenado pelos assassinatos e preso. Quatro anos depois, sem alarde, se enforcou na cela da prisão.

Nos dias atuais, o caso de Harold Shipman continua mistificador – não havia motivação sexual para seus assassinatos e, até o final, nenhuma motivação financeira. Seus assassinatos não se enquadravam no padrão comum de um serial killer. Na maioria dos casos, suas vítimas pareciam ter morrido de maneira confortável, em paz. É possível que, como muitos críticos apontaram, ele apreciasse a ideia de ter controle sobre a vida e a morte, e no decorrer dos anos se tornou viciado nessa sensação de poder. É claro que, ao se tratar de sua própria vida, Harold Shipman garantia controle definitivo – de que ninguém sequer entenderia completamente por que ele fez o que fez.

Canibais Insanos

O serial killer ficcional, Hannibal Lecter, recebeu o apelido "Hannibal, o Canibal" devido à sua predileção por comer suas vítimas, geralmente acompanhadas de um bom Chianti.* Ele é uma criação aterrorizante, porque a noção de canibal insano é uma poderosa imagem de extremo desdém por qualquer tipo de moralidade humana, a quebra do tabu derradeiro.

O canibalismo é sem dúvida um antigo costume humano, mas que o mundo moderno considera repulsivo. Porém, tal costume ainda ocorre. Houve circunstâncias conhecidas de vítimas de queda de avião se deparando com a escolha entre comer carne humana ou morrer de fome. Muito embora possamos entender aqueles que escolhem viver, comendo a carne, sentimos que suas ações de algum modo transgridem o limite do que é humano.

Houve também surtos de canibalismo em massa durante os períodos de grande fome no século XX: na Rússia, durante o período de coletivização forçada de Stalin; na Alemanha, após a Primeira Guerra Mundial; e na China. Em cada época, as pessoas famintas se sujeitavam a comer os corpos dos mortos – em alguns casos, até os corpos de seus próprios filhos.

Alguns serial killers canibais, como o alemão Joachim Kroll, cresceram durante esses tempos de pobreza feroz. Outros, no entanto, como Jeffrey Dahmer, parecem ter respondido a um profundo instinto animal de aniquilar suas vítimas por meio da ingestão. Os detalhes de suas atividades após matarem essas vítimas são geralmente mais perturbadores do que efetivamente o relato dos assassinatos em si, o que talvez mostre que o tabu em relação ao canibalismo é quase mais profundamente arraigado do que o tabu acerca do assassinato.

*N.T.: Variação de vinho do tipo tinto.

Jeffrey Dahmer

Jeffrey Dahmer está entre os mais problemáticos de todos os serial killers – um homem aparentemente normal que se tornou um assassino psicopata, necrófilo e canibal.

Dahmer nasceu em 21 de maio de 1960, filho de Lionel, um químico, e Joyce, uma dona de casa. Joyce era extremamente nervosa, enquanto Lionel trabalhava durante longas horas; o casal discutia muito, mas aparentemente ainda era uma casa de família normal. No entanto, desde muito jovem, Jeffrey desenvolveu um fascínio por animais mortos. Então, aos seis anos de idade, após uma cirurgia de hérnia e o nascimento de seu irmão mais novo, David, ele se tornou introvertido. Ele continuou solitário e não amigável durante sua infância. Na adolescência, seu fascínio por criaturas mortas se intensificou. Ele pedalava sua bicicleta em busca de animais mortos em atropelamentos, que ele cuidadosamente desmembrava. Durante o ensino médio ele também se tornou um grande beberrão.

Os pais pareciam não notar os problemas de Jeffrey, já que nessa época travavam um ríspido divórcio. Durante o verão de 1978, quando Jeffrey estava prestes a se formar, ambos deixaram a casa e Jeffrey ficou lá sozinho. Sua resposta foi dar carona a um homem, Stephen Hicks, levá-lo para casa, bater em sua cabeça com uma haste de sino, asfixiá-lo, desmembrar seu cadáver e enterrá-lo nas imediações.

Alcoólatra

A essa altura, o pai de Jeffrey, Lionel, havia retornado à casa com sua segunda esposa, Shari, que alertou o marido a respeito do alcoolismo de Jeffrey. Como resposta, Lionel deu um ultimato ao filho: parar de beber ou se alistar no exército. Jeffrey se recusou a parar de beber, então seu pai fez com que ele se alistasse em janeiro de 1979, aos 18 anos de idade. Dahmer parece ter gostado da vida no exército, mas ele foi rapidamente dispensado por embriaguez habitual. Logo depois, ele se mudou para um apartamento no porão de sua avó e sua vida continuou se movendo em espiral descendente.

Em 1982, Dahmer foi preso por atentado ao pudor, algo que se repetiu em 1986. Seu pai pagou advogados em todas as ocasiões, e, no segundo episódio, Dahmer recebeu sentença suspensória e aconselhamento. Porém, o aconselhamento claramente deu poucos

resultados, visto que ele cometeu três assassinatos durante o ano seguinte.

"... cheiros horríveis vindos de seu apartamento..."

A primeira vítima

A primeira vítima daquele ano foi Steven Tuomi, que ele conheceu em um bar gay. Ele assassinou Tuomi em um hotel e colocou o corpo em uma mala, levou-o para casa, fez sexo com ele e então o desmembrou. Em seguida, Dahmer assassinou um garoto nativo norte-americano de 14 anos chamado James Doxtator, que circulava na cena gay de Milwaukee. Após Doxtator, foi a vez de um jovem mexicano, Richard Guerrero. (A carreira selvagem de Dahmer contradisse, de maneira categórica, a teoria sustentada anteriormente de que os serial killers matam apenas os que pertencem a sua própria etnia.)

A essa altura, a avó de Dahmer estava incomodada com o alcoolismo do neto e os cheiros horríveis vindos de seu apartamento, e o despejou. Dahmer se mudou para seu próprio apartamento em Milwaukee, em setembro de 1988. No dia seguinte, atraiu para lá um garoto laociano de 13 anos, sob a oferta de pagá-lo por uma sessão de modelismo nu. Ele foi drogado e acariciado por Dahmer, que não foi violento. Os pais do garoto o delataram para a polícia, e Dahmer foi sentenciado a um ano de prisão por abuso sexual. Enquanto aguardava a sentença, porém, ele matou sua próxima vítima, Anthony Sears.

Dahmer ficou preso durante dez meses antes de iniciar sua última farra assassina. Entre junho de 1990 e julho de 1991, ele matou outros 12 homens. Ao final, ele estava cometendo quase um assassinato a cada semana e o tratamento dado às suas vítimas se tornava cada vez mais bizarro. Ele estava obcecado com a ideia de criar zumbis – meio-humanos que serviam como seus brinquedos. Para concluir, ele fazia buracos nos crânios das vítimas quando ainda estavam vivas e derramava ácido sobre suas cabeças. (Não é surpreendente que nenhuma vítima tenha sobrevivido.) Em pelo menos um caso ele também tentou cometer canibalismo. Ele mantinha partes dos corpos das vítimas na geladeira e colocava os crânios sobre um altar em seu quarto.

O caso mais perturbador de todos foi o de Konerak Sinthasomphone, o irmão do garoto laociano que ele havia molestado anteriormente. Dahmer drogou Konerak, mas o garoto conseguiu escapar do apartamento. Duas jovens negras encontraram Konerak e chamaram a polícia, mas quando chegaram à cena, Dahmer convenceu os policiais de que Konerak, que estava drogado e sangrando, era seu namorado. Inacreditavelmente, a polícia devolveu o garoto a Dahmer, que prontamente o levou para casa e o assassinou.

Nas semanas seguintes, um Dahmer enlouquecido matou suas últimas quatro vítimas. Em 22 de julho de 1991, sua última pretensa vítima, um homem negro adulto, Tracy Edwards, escapou do apartamento de Dahmer, arrastando-se com os pulsos presos por um par de algemas. Edwards conseguiu parar um carro de polícia e então levar os policiais de volta ao apartamento, onde ficaram aterrorizados ao encontrar uma cabeça humana na geladeira.

A farra assassina de Dahmer havia finalmente acabado. Visto que detalhes da história foram divulgados na imprensa, fotos dos crimes horríveis praticados por Dahmer chocaram um país que havia se acostumado a casos de assassinato e perversão. Em 22 de agosto de 1991, foi atribuída a Dahmer a autoria de 15 assassinatos. Seu julgamento se iniciou em 30 de janeiro de 1992. Ele se declarou culpado, mas insano. O júri o considerou são, sentenciando-o por 15 prisões perpétuas consecutivas.

Na prisão, Dahmer se recusou a ser colocado na solitária. Em 28 de novembro de 1994, um companheiro interno pegou uma barra de ferro e a afundou no crânio de Dahmer, matando-o com o golpe.

Albert Fish

Albert Fish – o modelo, ao menos em parte, para a personagem ficcional criada por Thomas Harris, Hannibal Lecter – talvez seja o mais atordoante de todos os serial killers. Quando foi preso, em 1934, aos 64 anos de idade, ele era um velho de corpo franzino, com boas maneiras, cabelos grisalhos e terno surrado – como se fosse um indivíduo de aparência inofensiva que alguém poderia desejar conhecer. Porém, sob o exterior plácido havia um homem de violência extraordinária à espreita; de acordo com psiquiatras, Fish experimentou e apreciou cada uma das perversões conhecidas pela humanidade, entre elas comer a carne das jovens crianças que ele havia torturado e matado de maneira selvagem.

Exibido

Nunca saberemos o número exato de crianças que esse velho de aparência benevolente matou. Não há mais do que quatro mortes que podem com certeza ser atribuídas a Fish, embora pelo menos uma dúzia de assassinatos e um grande número de estupros pareçam prováveis. Fish é um dos primeiros exemplos de serial killer considerado exibido – que afirmou ter matado centenas, pelo menos um por estado. O psiquiatra que o examinou estava quase certo de que Fish provavelmente cometeu pelo menos cem estupros.

Mas que tipo de histórico familiar criou esse monstro? Albert Fish nasceu em 19 de maio de 1870. Seu pai, Randall Fish, era um capitão de barco que operava no rio Potomac. Albert recebeu o nome de Hamilton Fish, aparentemente em homenagem à ligação familiar com a eminente família Hamilton, de

> "... com cabelos grisalhos e terno surrado, ele era um indivíduo de aparência inofensiva que alguém poderia desejar conhecer."

Washington. Portanto, Albert Fish nasceu em um mundo respeitável e relativamente rico. Tudo isso mudou, porém, com o falecimento de seu pai em 1875. Sua mãe teve que arrumar um emprego e deixar Albert, aos cinco anos de idade, em um orfanato. E foi lá que, em resposta às gozações dos outros garotos, ele começou a chamar a si de Albert. Mais seriamente, foi lá que ele adquiriu um gosto por sadomasoquismo – algo que ele carregou durante toda a vida –, após os frequentes castigos que recebia completamente nu. Ele urinava persistentemente na cama e fugia do orfanato com frequência. Quando tinha nove anos de idade, sua mãe o tirou de lá.

Errante

Albert deixou a escola aos 15 anos de idade. Ele rapidamente descobriu ser um pintor e decorador muito competente, e seguiu essa profissão pelo resto de sua vida, indo de cidade em cidade, como desejou. Em 1898, ele se casou, estabeleceu-se em Nova York e teve seis filhos. O próprio Fish confessou ter cometido seu primeiro assassinato durante esse período, matando um homem em Delaware, em 1910. No entanto, a maioria das pessoas, inclusive seus filhos, conheceu sua decadência até a loucura a partir do momento em que sua esposa o deixou, fugindo com um estudante em 1917. Em seguida, ele parecia sofrer de alucinações: levou seus filhos para uma casa de veraneio em Westchester, onde escalava uma colina, balançava seu punho ao céu declarando-se Cristo, pedindo antes que seus filhos o batessem nas nádegas. Ele se tornou obcecado por dor, forçando agulhas em sua virilha e inserindo em seu ânus tecido no qual antes era ateado fogo. Finalmente, seu filho mais velho se cansou do comportamento demente do pai e o expulsou da casa da família.

Fish era frequentemente preso, ora por vadiagem, ora por pequenos furtos, às vezes por saciar uma de suas perversões favoritas: enviar cartas obscenas a mulheres. Todas as vezes em que era examinado, ele se apresentava excêntrico, mas inofensivo, e era devolvido à comunidade. O número exato de assassinatos e estupros que ele cometeu durante os anos 1920 e início dos anos 1930 nós nunca saberemos.

No entanto, foi um caso em especial que lhe garantiu notoriedade e ao mesmo tempo sua ruína. No início de junho de 1928, ele viu um anúncio no jornal colocado por Edward Budd, um rapaz de 18 anos em busca de emprego no interior. Fish respondeu ao anúncio, indo à humilde casa de Budd sob o disfarce de Frank Howard, um fazendeiro de Long Island que procurava por um empregado solícito.

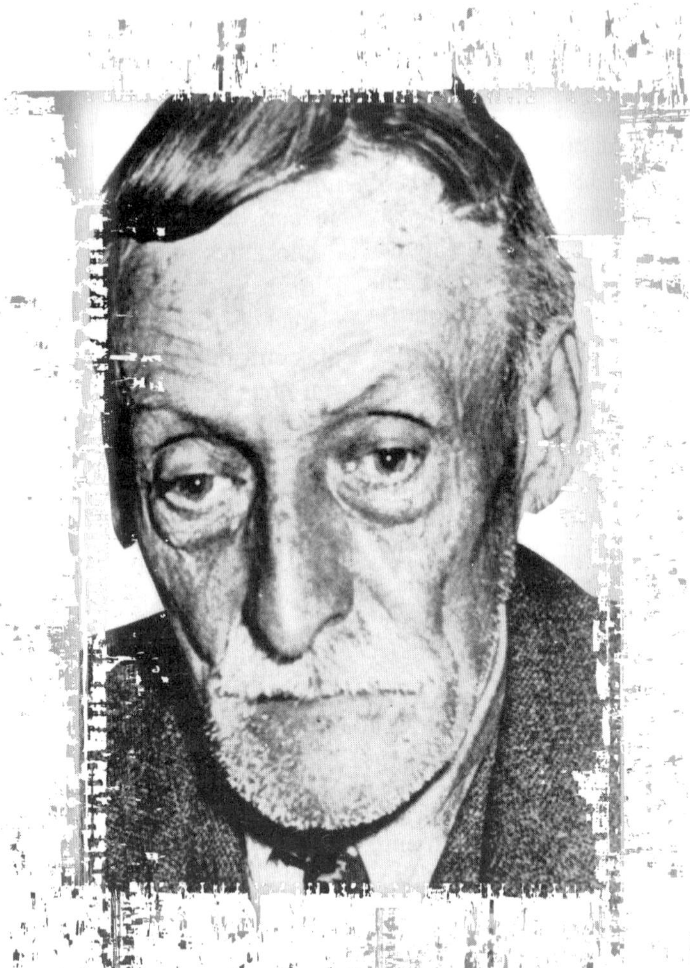

Apesar da aparência maltrapilha do "sr. Howard", ele era um homem que se expressava bem e a família Budd ficou feliz em acreditar que se tratava de um benfeitor, especialmente quando ele entregou notas de dólar aos outros filhos. Ao conhecer o restante da família, Fish decidiu, em vez de

"Ele era examinado, apresentava-se excêntrico, mas inofensivo, e era devolvido à comunidade."

raptar o corpulento Edward, focar sua atenção em Grace, de 12 anos. Ele convenceu a família a deixá-lo levar a garota a uma festa infantil que sua irmã estava celebrando.

Essa foi a última vez que a família a viu. Fish levou a garota à casa de veraneio deserta em Westchester. Lá, ele a estrangulou, desmembrou seu corpo e durante nove dias comeu dele o quanto conseguiu e depois enterrou os ossos atrás da casa.

Ocorreu uma grande busca por Fish, porém sem sucesso. Apenas graças à determinação de um homem, o detetive Will King, o caso foi mantido em aberto. Ainda assim, ele nunca teria pego seu homem se Fish não tivesse sucumbido ao impulso de se vangloriar do crime. Em 1934, ele enviou uma carta aos Budd contando exatamente o que acontecera à filha deles. Esse ato indigno o levou à ruína. O envelope usado por Fish tinha um logo característico que finalmente levou o detetive King a um albergue em Nova York. Lá, ele finalmente ficou frente a frente com Albert Fish. Ao ser desafiado, Fish atacou King com uma navalha, mas King o rendeu e prendeu.

Durante a detenção, Fish iniciou uma confissão extraordinária, desconexa e obscena. Assim como o assassinato de Grace Budd, ele também era responsável pelas mortes de Billy Gaffney, de quatro anos de idade, em 1929, e de Francis McDonnell, de cinco anos, em 1934. A única questão era se sua alegação de inocência por insanidade seria aceita. Fish era, como muitos psiquiatras afirmaram, obviamente bastante louco.

O júri, ansioso por punir os crimes hediondos cometidos por Fish, rejeitou sua alegação de insanidade e considerou-o culpado. Ele foi condenado à morte por eletrocussão, um destino que ele desfrutaria com prazer. Ele foi executado na penitenciária de Sing Sing, em 16 de janeiro de 1936. Foram feitas duas tentativas para matá-lo. De acordo com a lenda, a cadeira elétrica falhou na primeira vez devido a um curto-circuito provocado pelo grande número de pregos que Fish cravou em seu corpo durante anos.

Um policial com um detector de metal eletromagnético procura por uma faca de cozinha enterrada, evidência contra Albert Fish. O caso teve repercussão pública e rapidamente se tornou famoso.

Ed Kemper

Edmund Kemper, o "assassino misto", foi uma criança perturbada que cresceu muito alta, muito esperta e muito perigosa. Ele recebeu esse apelido por matar seis mulheres jovens para quem deu carona. Deve haver mais vítimas, mas Kemper cuidadosamente evitou deixar qualquer pista. Porém, ele finalmente perdeu seu senso de precaução quando sua fúria assassina se voltou contra a própria mãe. Dessa vez, havia apenas um suspeito óbvio.

Infância problemática

Edmund Kemper nasceu em Burbank, Califórnia, em 18 de dezembro de 1948, um dos integrantes do grupo de serial killers *baby boomers*.* Algo a mais que ele teve em comum com outros serial killers foi uma infância problemática. Seu pai, conhecido como E.E., foi um herói da Segunda Guerra Mundial e um colecionador de armas; sua mãe se chamava Clarnell. O casal se separou quando Ed tinha nove anos de idade, e sua mãe o levou junto com a irmã para viverem em Helena, Montana. Ed reagiu mal ao rompimento e começou a manifestar alguns sinais de sérios distúrbios. Ele matou o gato da família ao enterrá-lo vivo no jardim dos fundos, então ele o desenterrou, removeu sua cabeça e a fixou em um espeto, mantendo-o em seu quarto como um troféu. Ele também passou a mutilar as bonecas de sua irmã. Certa vez ele confidenciou à irmã que nutria paixão por uma professora. Caçoando, sua irmã perguntou por que ele não a beijava. Edmund respondeu, seriamente, que se fizesse isso, "eu teria que matá-la primeiro".

Não era apenas o comportamento de Edmund que incomodava: seu tamanho também era um problema. Seus pais eram muito altos e assim que atingiu a adolescência, Edmund se tornou muito mais alto do que as pessoas da mesma idade; apesar de seu tamanho, não obstante, ele também tinha um medo incomum de sofrer *bullying.*** O relacionamento com sua mãe se deteriorou, até que ela não conseguisse mais suportar. Rotulando-o como um "perfeito

*N.T.: Termo atribuído a pessoas nascidas no período após a Segunda Guerra Mundial no qual a taxa de natalidade subiu de maneira considerável.

**N.T.: Termo adotado para caracterizar agressões físicas ou psicológicas praticadas para intimidar alguém.

esquisito", ela o enviou para que vivesse com o pai. Seu pai também não conseguiu lidar com ele e, por sua vez, enviou Ed, aos 15 anos de idade, para que morasse com os avós paternos em sua fazenda na Califórnia. Essa medida funcionou toleravelmente bem durante um período – a vida no campo ao menos proporcionava a Edmund muitas oportunidades para atirar em animais e pássaros –, mas em 27 de agosto de 1964, Kemper trocou animais por humanos. Ele matou primeiro sua avó e depois seu avô.

Kemper foi preso rapidamente e quando explicou suas ações, dizendo "eu apenas queria saber como seria atirar na vovó", ele foi considerado mentalmente doente e internado em um hospital em Atascadero. Cinco anos depois, em 1969, Kemper, que nessa época tinha pouco mais de dois metros de altura e 135 quilos, conseguiu convencer os médicos de que havia mudado e recebeu liberdade condicional, ficando sob os cuidados da mãe.

Carro personalizado

Isso foi, no mínimo, um erro. Sua mãe, Clarnell, havia então se reinstalado em Santa Cruz, uma cidade universitária na região da baía de São Francisco. Nos dois anos seguintes, Kemper esperou por seu momento. Ele se candidatou a entrar para a polícia, mas foi recusado pelo fato de ser muito alto. Incontrolável, ele passou a beber frequentemente em um bar policial chamado Jury Room, onde se tornou amigo de muitos detetives. Ele também teve empregos informais e comprou um carro, parecido com aqueles usados pela polícia como veículos disfarçados. Ele começou a usar o carro para dar carona a mulheres jovens, aprendendo gradualmente como deixá-las confortáveis. Depois ele personalizou o carro, fazendo com que a porta do passageiro não pudesse ser aberta por dentro. Em retrospecto, é óbvio que ele estava apenas esperando por seu momento.

O momento finalmente chegou em 7 de maio de 1972, quando ele apanhou duas estudantes de 18 anos, Mary Ann Pesce e Anita Luchessa, que estavam indo para a Universidade de Stanford. Ele as levou até uma estrada de terra, as esfaqueou até a morte, e então as levou para seu apartamento. Lá, ele abusou sexualmente dos corpos e os fotografou antes de cortar as cabeças, colocar os corpos em sacos plásticos, queimá-los em uma encosta de montanha próxima e jogar as cabeças em um desfiladeiro.

Passaram-se quatro meses até que ele matasse novamente. Dessa vez a vítima foi Aiko Koo, de 15 anos. Ele a estrangulou, estuprou seu cadáver e então o levou para casa, a fim de dissecá-lo. A cabeça ficou no porta-malas do carro até um dia depois da reunião que teve com os psiquiatras da corte, que estavam satisfeitos com seu progresso, declarando-o oficialmente "salvo".

Eles não poderiam, sem dúvida, estar mais enganados. Outros quatro meses se passaram e Kemper assassinou outra estudante, Cindy Schell. Nessa época, ele adquiriu uma arma, usada para atirar em Schell após obrigar que entrasse no porta-malas do carro. Seguindo o padrão, ele a estuprou, decapitou e dissecou antes de eliminar o cadáver. Ele enterrou a cabeça no jardim de sua mãe.

Menos de um mês se passou até que Kemper atacasse novamente. Dessa vez, foram mais duas mulheres que pediam carona, Rosalind Thorpe e Alice Lin. Elas mal tiveram tempo de entrar no carro antes que ele atirasse, matando-as. Ele colocou os corpos no porta-malas e os deixou lá enquanto jantava com sua mãe, retornando depois para o carro a fim de decapitá-los, para então levar o corpo decapitado de Alice para dentro do carro e estuprá-lo.

"Um lado meu diz que eu gostaria de conversar com ela, namorá-la. A outra metade de mim diz 'Eu me pergunto como sua cabeça ficaria em um espeto'."

A loucura de Kemper agora estava incontrolável. A essa altura, ele aparentemente pretendia tentar assassinar todos em seu quarteirão. Em vez disso, no entanto, ele decidiu ficar mais perto de casa. Durante o final de semana da Páscoa de 1973, ele assassinou sua mãe com um martelo, a decapitou e estuprou, e tentou forçar sua laringe a passar pelo triturador de lixo. Em uma tentativa confusa de encobrir seu crime, ele então convidou uma das amigas de sua mãe, Sally Hallett, para ir a sua casa. Ele matou Hallett e, no domingo de Páscoa, entrou em seu carro e começou a dirigir para o oeste.

Quando chegou a Colorado, ele percebeu que o jogo havia terminado. A essa altura, telefonou para seus amigos da polícia de Santa Cruz e contou o que havia feito, onde e quando.

A confissão de Kemper não deixou brechas para manobras legais, exceto no que dizia respeito à insanidade. O júri finalmente decidiu que ele era são e o considerou culpado por oito assassinatos. Questionado sobre qual seria a punição apropriada, Kemper declarou "morte por tortura". Na verdade, ele foi condenado à prisão perpétua, pena que ele ainda cumpre.

Alimentando a crença da corte de que era um sociopata, e não um psicopata, Kemper compreende e aprecia sua notoriedade. Ele deu entrevistas regulares (incluindo uma dividida com John Wayne Gacy, transmitida ao vivo). Ao lhe fazer a pergunta retórica "O que você pensa quando vê uma bela garota andando na rua?", Kemper respondeu o seguinte: "Um lado meu diz que eu gostaria de conversar com ela, namorá-la. A outra metade de mim diz 'Eu me pergunto como sua cabeça ficaria em um espeto'".

À luz de tais comentários, não é de se surpreender que seus pedidos de liberdade tenham sido recusados.

Joachim Kroll

Joachim Kroll, o "caçador de Ruhr", era, de certo modo, o serial killer padrão. Ele era nervoso, o solitário sexualmente inadequado que atacava em geral garotas jovens e adolescentes. O que fez dele incomum foi o fato de que sua diversão assassina não se manifestou de maneira frenética, mas em um ritmo estável por mais de 20 anos, antes de ser finalmente pego.

Joachim Georg Kroll nasceu em 17 de abril de 1933, em Hindenburg, na Alemanha Oriental, próximo à fronteira polonesa. Grande parte de sua infância se passou durante os anos terríveis da Segunda Guerra Mundial e após isso, sucedeu-se uma época de grande pobreza e fome generalizada na Alemanha. O pai de Kroll foi aprisionado pelo Exército Russo durante a guerra e nunca retornou. Em 1947, Kroll e sua mãe fugiram da Alemanha Oriental, ocupada pelos russos, para viver na região superindustrializada de Ruhr, na Alemanha Ocidental.

A morte da mãe

O acontecimento que parece ter levado o tímido e introvertido Joachim Kroll à loucura foi a morte de sua mãe, em janeiro de 1955. Apenas três semanas depois, em 8 de fevereiro, Kroll matou pela primeira vez, estuprando e esfaqueando até a morte Irmgard Srehl, de 19 anos, em um celeiro próximo à cidade de Lüdinghausen.

Nunca saberemos o número exato de pessoas que ele matou ao longo das duas décadas seguintes. Os únicos assassinatos descobertos como sendo de sua autoria foram aqueles confessados após sua prisão definitiva, e ele não tinha certeza de se lembrar de todos. Porém, sabemos que sua vítima seguinte foi Erika Schuleter, de 12 anos, que ele estuprou e estrangulou em Kirchellen.

Em 1957, Kroll se mudou para Duisburg, uma cidade industrial em Ruhr, onde viveu até ser preso. Em 16 de junho de 1959, ele marcou seu novo território com o estupro e o assassinato de Klara Frieda Tesmer, no bairro de Rheinswiesen, na mesma cidade. Após pouco mais de um mês, em 26 de julho, ele estuprou e estrangulou Manuela Knodt, de 16 anos, em Essen, outra cidade principal de Ruhr. Dessa vez, no entanto, Kroll levou sua perversão um passo adiante. Ele cortou fatias das nádegas e das coxas de sua vítima, as retirou e comeu. A polícia mais tardc prendeu um confessor compulsivo chamado Horst Otto por esse assassinato.

Gosto por carne humana

Então ocorreu um intervalo de três anos antes que, em algum momento de 1962, Kroll estuprasse e estrangulasse Barbara Bruder, na cidade de Burscheid. No mesmo ano, em 23 de abril, Petra Giese foi raptada em uma feira em Dinslaken-Brückhausen, estuprada e estrangulada. Novamente, ele cortou as nádegas da garota para comer. Desde então essa se tornou sua marca registrada. Kroll claramente adquiriu gosto por carne humana. Pouco mais de um mês depois, em 4 de junho de 1962, ele se satisfez mais uma vez. Dessa vez a vítima foi Monika Tafel, de 13 anos, encontrada morta em um milharal em Walsum, com pedaços de carne novamente removidos de suas nádegas. Esse grande número de assassinatos provocou euforia e as pessoas da cidade de Walsum rapidamente identificaram Walter Quicker, um pedófilo de 34 anos, como suspeito, que em seguida se enforcou.

Condenado a nove prisões perpétuas, Kroll morreu na prisão em decorrência de um ataque cardíaco, em julho de 1991, tendo cumprido apenas 14 anos de sua sentença.

HECTOR
ZACH

Drive-in

Kroll pareceu ter se aquietado durante os três anos seguintes, talvez amedrontado pela intensidade das investigações em Walsum. Então, em 22 de agosto de 1965, ele abordou um casal estacionado em um *drive-in*,* em Grossenbaum-Duisburg. Ele esfaqueou o homem até a morte, mas a mulher escapou antes que pudesse atacá-la.

Outro ano se passou e então, em 13 de setembro de 1966, Kroll estrangulou Ursula Rohling em um parque, em Marl, norte de Duisburg. O namorado de Ursula, Adolf Schickel, foi o suspeito dessa vez, que também logo cometeu suicídio. Três meses depois, Kroll retornou a Essen e raptou sua vítima mais jovem, Ilona Harke, de cinco anos. Ele a levou de trem e ônibus para uma região de floresta chamada Feldbachtal. Lá, Kroll a estuprou e então, em uma variação de algo que mais tarde ele atribuiu à simples curiosidade, ele a afogou.

No ano seguinte, em 22 de junho, Kroll atraiu Gabrielle Puetman, de 10 anos, para um milharal e a mostrou fotos pornográficas. Ela desmaiou, mas foi salva por transeuntes que chegaram. Kroll conseguiu escapar da cena.

Vítimas inocentes

Novamente, ele esperou para estuprar e assassinar sua próxima vítima. Dessa vez foi uma mulher mais velha, Maria Hettgen, de 61 anos, que foi estuprada e estrangulada em sua própria casa, em 12 de julho de 1969. Dois anos depois, em 21 de maio de 1970, ele estuprou e estrangulou Jutta Rahn, de 13 anos, quando ela voltava para casa após a escola. Seu vizinho, Peter Schay, foi o suspeito e passou 15 meses na cadeia pelo crime.

Dessa vez, mais seis anos se passaram antes que Kroll estuprasse e estrangulasse outra estudante, Karin Toepfer, em Dinslaken-Voerde. Então, em 3 de julho de 1976, ele fez sua última e mais jovem vítima, Marion Ketter, de quatro anos, cujo desaparecimento provocou uma grande investigação por parte dos vizinhos e da polícia.

> "Parecia que Kroll estava implorando para ser pego."

*N.T.: Em inglês, *lovers lane*.

A essa altura, parecia que Kroll estava implorando para ser pego. Um morador do bloco de apartamentos onde Kroll vivia reclamou para ele que seu banheiro estava entupido; Kroll aparentemente respondeu que a razão para isso era o fato de que o banheiro estava "cheio de vísceras". O vizinho não soube o que fazer perante isso, mas uma ligação para um encanador rapidamente provou que Kroll não estava brincando. Pulmões de crianças e outros órgãos estavam bloqueando o encanamento. A polícia foi imediatamente chamada ao apartamento de Kroll, onde encontraram sacos com carne humana na geladeira e uma mão de criança fervendo no fogão, com algumas cenouras e batatas.

Kroll foi preso e prontamente confessou toda sua história dos 20 anos de assassinatos. Três anos depois, o caso finalmente chegou à corte e após mais três anos de extensos processos judiciais, ele foi finalmente culpado por oito assassinatos e uma tentativa de assassinato. Ele foi devidamente condenado a nove prisões perpétuas. Em 1º de julho de 1991, ele morreu na prisão em decorrência de um ataque cardíaco.

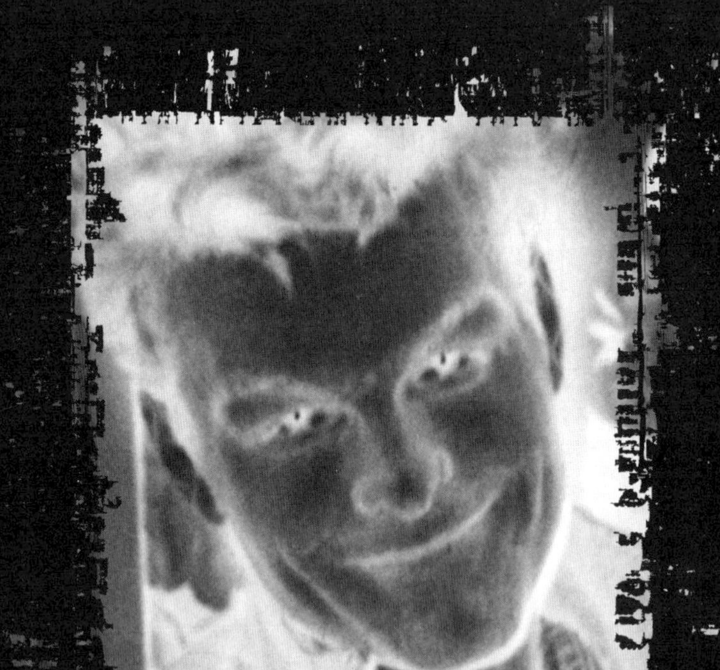

Amantes Demoníacos

O assassinato em série é, na maioria das vezes, um negócio solitário, uma doença criada nas profundezas de uma alma isolada e ferida. O estereótipo do serial killer é uma pessoa solitária e insana que age em segredo, portanto, é peculiarmente perturbador encontrar serial killers que atuam em grupo, que agem para encontrar outros com quem dividir sua perversão. Enquanto há exemplos de grupos de serial killers que são apenas amigos (como Kenneth Bianchi e Angelo Buono, ou Leonard Lake e Charles Ng), o tipo mais comum de grupos de assassinos é o casal de namorados. É chocante contemplar um tipo de amor tão perverso que leva os casais a dividir o assassinato para sua própria gratificação sexual.

Tome como exemplo o caso de Douglas Clark e Carol Bundy. Enquanto podemos imaginar que um homem como Clark poderia se interessar em estuprar e assassinar, é quase difícil de acreditar que ele pudesse levar para casa a cabeça decepada de uma de suas vítimas, e que sua amada, Carol Bundy, pudesse antes maquiar o rosto da mulher morta e então assistir com aprovação a Clark cometendo um ato de necrofilia com a cabeça.

Menos bizarro, porém talvez ainda mais chocante, é o caso de Paul Bernardo e Karla Homolka, no qual Homolka decidiu drogar a própria irmã de 15 anos para que Bernardo pudesse estuprá-la; ou o dos assassinos britânicos Ian Brady e Myra Hindley, no qual Hindley atraía garotas jovens até Brady, e então participava da tortura antes que Brady as assassinasse. É essa perversão do amor – e em especial o inverso do que costumamos ver como a influência da mulher na civilização – que torna as histórias aterrorizantes desses amantes demoníacos tão profundamente perturbadoras.

Douglas Clark e Carol Bundy

Doug Clark e Carol Bundy pareciam formar um casal incomum. Doug era um homem bonito de família rica, um sedutor de 32 anos com uma série de namoradas atrás dele. Carol era uma mulher divorciada com óculos de lentes grossas e problema de peso. Cinco anos mais velha que Clark, ela havia recentemente deixado um marido abusivo e estava trabalhando como enfermeira. Porém, no fundo, o casal tinha bastante em comum: ambos eram movidos a sexo, não tinham limites morais e juntos embarcaram em um frenesi de assassinatos com motivação sexual.

"O rei das relações casuais"

Douglas Daniel Clark nasceu em 1948, filho de Franklin Clark, um oficial da Inteligência Naval. A família se mudou repetidas vezes durante a infância de Doug, devido à profissão do pai. Mais tarde, ele afirmou ter vivido em 37 países. Em 1958, seu pai deixou a Marinha para assumir uma posição civil como engenheiro da Texas Transportation Company: algumas fontes sugerem que tal fato, na verdade, se tratava de um mero disfarce para dar continuidade às atividades de inteligência. De qualquer forma, isso não pôs fim ao estilo de vida nômade da família. Eles moraram nas Ilhas Marshall durante um período, voltaram para São Francisco e então se mudaram novamente para a Índia. Doug foi enviado, por um tempo, para uma escola internacional particular em Genebra. Mais tarde, ele frequentou a prestigiada Culver Military Academy enquanto seu pai continuava a se mudar pelo mundo afora. Quando

Críticos da época fizeram muitos comentários a respeito das diferenças físicas entre o casal.

Clark tinha sempre a imagem de um homem charmoso e confiante no tribunal.

se formou, em 1967, Doug naturalmente se alistou na força aérea.

A essa altura, no entanto, a vida de Clark começou a degringolar. Ele foi dispensado da força aérea e vagou durante a década seguinte, trabalhando geralmente como mecânico, mas de fato concentrando-se em sua vocação para atleta sexual: "o rei das relações casuais", como ele gostava de se autointitular. Os anos 1970 foram a década em que o sexo casual, pela primeira vez, se tornou difundido, um fenômeno socialmente aceito – ao menos nas grandes cidades – e Doug Clark, um homem de fala macia e bem-educado,

Dizem que Clark espera por seus dias no corredor da morte jogando bridge *com os colegas internos e os serial killers Lawrence Bittaker e William Bonin.*

estava disposto a tirar proveito dessa mudança na moralidade do país.

Em nenhum lugar tal estilo de vida era mais predominante do que em Los Angeles, e finalmente Doug Clark se mudou para lá, arranjando um emprego em uma fábrica, em Burbank. Um dos bares que ele gostava de frequentar e arranjar mulheres era um lugar ao norte de Hollywood, chamado Little Nashville, onde, em 1980, ele conheceu Carol Bundy.

Bundy tinha 37 anos de idade. Ela teve uma infância problemática: sua mãe havia morrido quando ela era jovem e seu pai abusava dela. Então, quando seu pai se casou novamente, ele a colocou em diversos lares de adoção. Aos 17 anos, Bundy se casou com um homem de 56 anos; quando conheceu Clark, ela havia acabado de escapar de um terceiro casamento com um homem abusivo, com quem teve dois filhos. Mais recentemente, ela havia iniciado um caso amoroso com o administrador de seu bloco de apartamento, John Murray, um cantor de música *country* em meio-período. Ela já havia tentado subornar a esposa de Murray para que o deixasse. A esposa de Murray não ficou satisfeita com isso e pediu ao marido que expulsasse Bundy do bloco. Porém, isso não fez com que a paixão acabasse e Bundy continuou a aparecer com frequência nos locais onde Murray cantava. Um deles era o Little Nashville.

Clark, um experiente manipulador de mulheres, rapidamente viu o potencial em seduzir a acima do peso e claramente necessitada Bundy. Ele colocou seu charme em ação e a ganhou imediatamente. Pouco tempo depois, ele se mudou para o apartamento dela e rapidamente descobriu que essa era a mulher com quem poderia dividir suas crescentes fantasias sexuais obscuras.

Prostitutas

Ele passou a levar prostitutas ao apartamento para fazer sexo com ambos. Então, começou a se interessar por uma garota de 11 anos que era sua vizinha. Carol ajudou a atrair a garota para jogos sexuais e posar para fotos pornográficas. Porém, mesmo a quebra do tabu da pedofilia não era suficiente para Clark. Ele começou a dizer o quanto ele gostaria de matar uma garota durante o ato sexual e convenceu Carol a sair e comprar duas pistolas automáticas para seu uso.

A matança começou efetivamente durante o mês de junho de 1980. Nesse mês, Clark chegou em casa e contou a Bundy sobre as duas adolescentes que ele havia apanhado na rua Sunset Strip naquele dia e, em seguida, assassinado. Ele obrigou-as a fazerem sexo oral nele e então atirou em suas cabeças antes de levá-las para uma garagem e estuprar os cadáveres. Depois, ele se desfez dos corpos junto à rodovia Ventura, onde foram encontradas no dia seguinte. Carol estava chocada o suficiente com as notícias para telefonar à polícia admitindo ter conhecimento sobre os assassinatos, mas se recusou a dar quaisquer pistas que identificasse o assassino.

Restos mortais refrigerados

Doze dias depois, quando Clark matou novamente, estava claro que Bundy havia superado seu remorso. As vítimas eram duas prostitutas, Karen Jones e Exxie Wilson. Mais uma vez, Clark as apanhou, atirou nelas e jogou os corpos à vista. Porém, dessa vez, ele havia decidido ter um troféu: a cabeça de Exxie Wilson. Ele levou a cabeça de volta à casa de Bundy e a surpreendeu tirando a cabeça da geladeira. De maneira quase inacreditável, ela então a maquiou antes que Clark a usasse para outro surto de necrofilia. Dois dias depois, eles colocaram a cabeça limpa em uma caixa e se desfizeram dela em um beco. Após três dias, outro corpo foi encontrado na mata, no Vale de São Fernando. A vítima era uma fugitiva chamada Marnette Comer, que aparentemente havia sido morta três semanas antes, tornando-a a primeira vítima conhecida de Clark.

Clark esperou um mês antes de matar novamente. Enquanto isso,

Bundy ainda estava apaixonada por John Murray. Ela foi vê-lo cantar no Little Nashville e depois de algumas bebidas, sua conversa passou a ser sobre o tipo de coisas que ela e Clark haviam feito. Essas dicas alarmaram Murray, que sugeriu que poderia contar à polícia. Para evitar isso, Bundy atraiu Murray à *van* dele depois do show para fazerem sexo. Uma vez dentro da *van*, ela atirou nele, matando-o, e o decapitou. Porém, ela havia deixado um rastro de pistas atrás dela: Bundy e Murray foram vistos juntos no bar e ela deixou seus cartuchos de bala na *van*. Bundy não era capaz de suportar a pressão. Dois dias depois, ela confessou a seus colegas de trabalho que havia matado Murray. Eles chamaram a polícia e ela começou a dar a eles uma confissão completa e franca sobre os crimes cometidos por ela e Clark.

"Doze dias depois, quando Clark matou novamente, estava claro que Bundy havia superado seu remorso."

Clark foi preso imediatamente e encontraram as armas escondidas em seu trabalho. Bundy foi acusada de dois assassinatos: o de Murray e o da vítima desconhecida que ela confessou ter presenciado. Clark foi acusado de seis assassinatos. Em seu julgamento ele se autorrepresentou e tentou culpar Bundy por tudo, descrevendo-se como uma pessoa inocente que foi enganada. O júri não acreditou nele, e Clark foi condenado à pena de morte, enquanto Bundy foi sentenciada à prisão perpétua. Ironicamente, foi Bundy quem conheceu o fim primeiro, morrendo na prisão em 9 de dezembro de 2003, aos 61 anos. Enquanto isso, Clark continua questionando sua sentença.

Paul Bernardo e Karla Homolka

Paul Bernardo e Karla Homolka aparentemente eram os serial killers mais improváveis. Eles eram um jovem casal canadense de classe média, ambos bonitos e loiros. No entanto, esses ostensivos cidadãos-modelo tramaram juntos o estupro, a tortura e o assassinato de pelo menos três mulheres jovens, incluindo a própria irmã de Karla, Tammy. Em seu julgamento, Karla culpou seu abusivo marido Paul por todos os crimes. Evidências posteriores mostraram que ela também estava profundamente envolvida. Porém, é possivelmente verdadeiro afirmar que sem Bernardo, Homolka nunca teria matado – enquanto é quase certo que Bernardo o faria, tendo ou não uma amante como cúmplice.

Pai abusivo

Paul Bernardo nasceu em Scarborough, um subúrbio rico de Toronto, em agosto de 1964, e era o terceiro filho do contador Kenneth Bernardo e da dona de casa Marilyn. Pelo menos foi nisso que Paul acreditou enquanto crescia; foi apenas quando tinha 16 anos que sua mãe revelou que ele era fruto de um caso amoroso que ela havia tido. Nessa época, estava muito claro que nem tudo ia tão bem no lar aparentemente respeitável dos Bernardo. Kenneth era fisicamente agressivo com sua esposa e sexualmente abusivo com sua filha; enquanto isso, Marilyn havia ganhado muito peso e permanecia quase que confinada em casa.

Entretanto, Paul, até então, parecia ser uma criança feliz e ajustada, que gostava de seu envolvimento com as atividades de escotismo. Foi apenas quando se tornou jovem que ele revelou um lado mais obscuro de sua natureza. Ele era bonito, charmoso e não era de se surpreender que fosse popular entre as mulheres, porém, seu apetite sexual se tornou algo nada sedutor. Ele espancava as mulheres com quem saía, as amarrava e forçava a praticar sexo anal. Ele continuou a ter esse comportamento durante o período em que esteve na Universidade de Toronto, quando também desenvolveu uma maneira de ganhar dinheiro contrabandeando cigarros para os Estados Unidos. Após deixar a faculdade, ele arrumou um emprego como contador na Price Waterhouse. Pouco depois, em outubro de 1987, ele conheceu Karla Homolka em uma convenção de animais de estimação em Toronto.

Karla Homolka nasceu em 4 de maio de 1970, em Port Credit, Ontário, filha de Dorothy e Karel Homolka. Teve duas irmãs, Lori e Tammy. Como a de Bernardo, esta era uma família de classe média; mas, neste caso, uma família genuinamente feliz. Karla era uma garota popular que estudou na Sir Winston Churchill High School e que depois se tornou assistente de veterinária, trabalhando em um hospital de animais, onde veio a conhecer Paul Bernardo.

Fantasias obscuras

Ao contrário da maioria das namoradas anteriores de Bernardo, Karla não sentia repulsa pelo sadismo

"Karla não sentia repulsa pelo sadismo sexual de seu namorado."

"Eles estupraram Tammy e registraram em vídeo todo o episódio."

sexual de seu novo namorado. Em vez disso, ela participava de maneira entusiasmada, incentivando-o a ir ainda mais longe em suas fantasias obscuras. Pouco depois, isso passou a significar sair e encontrar mulheres para estuprar. Ao longo dos anos seguintes, Bernardo alcançou a marca de 12 estupros ao redor da região de Scarborough. O quanto Homolka estava envolvida não está totalmente claro, embora uma vítima relatasse ter visto uma mulher à espreita do assassino, filmando o evento.

A polícia levou muito tempo para tratar do caso. Em 1990, eles finalmente divulgaram o esboço de um retrato falado que resultou na imediata identificação de Paul Bernardo. Foi feito um exame com o sangue de Bernardo, que revelou o mesmo tipo sanguíneo do estuprador. Testes mais detalhados foram solicitados. De maneira inacreditável, o laboratório da polícia levou três anos para concluir tais testes, que provaram ser Bernardo o "Estuprador de Scarborough". A essa altura, porém, ele também era um assassino.

Com o passar do tempo, estuprar estranhos não era suficiente para Bernardo. Ele criou a fantasia de estuprar a irmã de Karla, Tammy, de 15 anos. Mais uma vez, Karla foi uma cúmplice solícita. Ela decidiu drogar Tammy, usando analgésicos furtados da clínica veterinária onde trabalhou. Em 24 de dezembro de 1990, Karla embriagou Tammy e administrou nela uma droga chamada halotano. Paul e Karla então estupraram Tammy e registraram em vídeo todo o episódio. Inicialmente, eles não pretendiam matar Tammy, mas o analgésico fez com que se asfixiasse com o próprio vômito, e ela morreu a caminho do hospital. A causa oficial da morte foi sufocamento. Os pais de Karla, em luto, consideraram a tragédia um acidente, em consequência do fato de Tammy ter bebido demais.

Casamento de mentes

O período de luto de Karla terminou rápido, e logo ela se dedicava aos preparativos de seu casamento para aquele verão. Poucas semanas antes, ela atraiu uma de suas amigas, uma adolescente chamada Jane, das proximidades para a a casa e deu a ela o mesmo tratamento dado à irmã. Desta vez, porém, Jane sobreviveu à experiência, acordando confusa e ferida após ter sido dopada, mas ainda sem saber que havia sido estuprada por Karla e Paul. Esse lapso de memória, sem dúvidas, salvou sua vida.

A vítima seguinte do casal, Leslie Mahaffy, de 14 anos, não teve tanta sorte. Paul a raptou em 15 de julho de 1991, e o casal a estuprou e torturou durante 24 horas, filmando o fato, antes que Paul finalmente a matasse. Seu corpo, desmembrado e envolto em cimento, foi encontrado no Lago Gibson logo em seguida. No mesmo dia em que o corpo de Mahaffy foi encontrado, Paul e Karla se casaram em um evento suntuoso em Niágara.

Quatro meses depois, em 30 de novembro de 1991, Terri Anderson, de 14 anos, desapareceu. Ela pode ter sido assassinada por Bernardo e Homolka, mas o caso permanece sem comprovação. Sua vítima final foi uma garota de 17 anos, Kristen French, raptada do estacionamento de uma igreja em 16 de abril de 1992. Dessa vez, o casal manteve a vítima viva durante três dias, estuprando e torturando-a. Eles finalmente a mataram porque deveriam participar de uma ceia de Páscoa na casa dos pais de Karla.

Esse foi o último assassinato cometido pelo casal. No verão de 1992, Bernardo começou a descontar sua raiva em Homolka, maltratando-a, e em janeiro de 1993, ela o deixou. No mês seguinte, o laboratório da polícia finalmente efetuou o exame na amostra de sangue de Bernardo e descobriu ser ele o "Estuprador de Scarborough". Como o nome de Bernardo também havia sido mencionado nas investigações a respeito dos assassinatos de Mahaffy e French, a polícia finalmente juntou todas as peças do caso. Homolka se retratou com sucesso apenas como outra vítima do dominador Bernardo e concordou em fazer uma barganha, que consistiria em assumir a responsabilidade por homicídio culposo e receber uma sentença de 12 anos de prisão em troca de testemunhar contra Bernardo.

Cúmplice solícita

O julgamento de Homolka teve início em junho de 1993. Ela novamente desempenhou o papel de esposa abusada e recebeu a sentença combinada. No entanto, dois anos depois, quando o julgamento de Bernardo começou e a acusação revelou a nova evidência dos vídeos de Bernardo, o juiz e o júri foram capazes de perceber, com riqueza de detalhes, o quão solícita a cúmplice Homolka havia sido no estupro e na tortura de Mahaffy e French. Bernardo se empenhou ao máximo para fazer com que a responsabilidade se voltasse a Homolka, mas as gravações em vídeo eram extremamente comprometedoras, e ele recebeu a pena de prisão perpétua. Homolka, porém, foi libertada em julho de 2005, uma casualidade que muitos canadenses encararam com horror e descrença.

Ian Brady e Myra Hindley

A Grã-Bretanha teve outros serial killers tão prolíficos quanto Ian Brady e Myra Hindley, mas nenhum atraiu tanta atenção ou se tornou tão claramente a personificação do mal como esse casal, os chamados "Assassinos dos Pântanos", que brutalmente torturaram e mataram pelo menos cinco crianças no início dos anos 1960. O ápice do horror foi o papel de Myra Hindley, pois até então apenas havia notícias de homens cometendo assassinatos em série de cunho sexual contra crianças. O fato de uma mulher ter se envolvido em tais crimes parecia tão antinatural que Hindley se tornou a personagem mais odiada, ainda mais insultada do que o agente principal dos crimes, Ian Brady.

Myra Hindley com as roupas que trajava para fazer amizade e finalmente sequestrar as crianças que ela e Brady assassinavam.

Ian Brady nasceu em Glasgow, Escócia, em 2 de janeiro de 1938. Sua mãe, Peggy Stewart, era solteira na época e incapaz de sustentar seu filho. Ela entregou o bebê, aos quatro meses de idade, aos cuidados de John e Mary Sloane, um casal que tinha quatro filhos. Peggy continuou a visitar o filho durante um período, porém sem revelar que era sua verdadeira mãe. As visitas cessaram quando ela se mudou para Manchester, Inglaterra, com seu novo marido, Patrick Brady, quando o filho tinha 12 anos de idade.

Ian era uma criança difícil, inteligente, mas solitária. Durante a adolescência, apesar de ter sido aprovado nos exames admissionais de uma boa escola, Shawlands Academy, ele saiu completamente

A polícia promoveu uma grande busca nos pântanos, com auxílio da população. Nesse dia, não foram encontrados corpos de nenhuma vítima.

fora dos trilhos. Ele se tornou fascinado pelo Nazismo alemão e em particular por Adolf Hitler, perdia aulas com frequência e praticava assaltos. Aos 16 anos, ele havia sido preso três vezes. Ian se salvou da escola reformatória quando concordou em deixar Glasgow e passar a viver com sua mãe biológica, Peggy, em Manchester.

Quando chegou a Manchester, no início de 1954, ele se esforçou para se ajustar, adotando o nome de seu padrasto. Ele trabalhou como carregador de compras, mas passado um ano estava novamente envolvido em problemas. Foi preso por roubo e durante a prisão parece ter decidido por sua futura carreira: criminoso profissional. Com isso em mente, ele estudou contabilidade. Quando foi solto, arrumou um emprego como operário, enquanto buscava uma empreitada criminosa conveniente. Incapaz de encontrá-la, passou a colocar sua nova habilidade em uma prática mais convencional e conseguiu um emprego como escriturário em uma companhia chamada Millwards Merchandising. Um ano depois, uma nova secretária começou a trabalhar lá: Myra Hindley.

Babá

Myra Hindley teve uma criação superficialmente mais convencional do que a de Brady. Ela nasceu

> "Brady se considerava uma espécie de super-homem, além dos limites do bem e do mal."

em Manchester, em 23 de julho de 1942, filha mais velha de Nellie e Bob. Durante os anos de guerra, enquanto Bob servia o exército, a família vivia com a avó de Myra, Ellen Maybury. Mais tarde, quando Bob e Nellie tiveram desentendimentos após a guerra, Myra voltou a morar com a avó, que era dedicada à neta. Durante seus anos escolares, Myra foi considerada uma criança inteligente, embora não muito ambiciosa, e apaixonada por natação; em sua adolescência, foi uma babá popular.

Quando deixou a escola, aos 16 anos de idade, arrumou um emprego como balconista em uma empresa de engenharia. Logo em seguida, ficou noiva de um garoto de sua cidade, Ronnie Sinclair. No entanto, ela terminou o noivado, aparentemente por querer mais agitação em sua vida. Tal desejo foi horrivelmente alcançado quando ela conseguiu um novo emprego e se encontrou trabalhando com Ian Brady.

Hindley logo se encantou pelo carrancudo e ensimesmado Brady. Um ano se passou até que ele correspondesse ao interesse dela, mas uma vez que se tornaram namorados, ele percebeu que havia encontrado o estímulo perfeito para suas fantasias cada vez mais obscuras. Brady havia passado muitos de seus anos anteriores lendo obsessivamente. Seus favoritos eram *Crime e castigo*, de Dostoyevsky, *Minha luta*, de Hitler, e *Justine*, de Marquês de Sade, entre outros livros menos elevados sobre sadomasoquismo. Brady se considerava cada vez mais uma espécie de super-homem, além dos limites do bem e do mal. A dedicada Myra apreciava tudo isso. Durante o primeiro ano que passaram juntos, ela passou por uma transformação, tingindo os cabelos de louro e se maquilando, de acordo com as fantasias arianas de Brady. Ela desistiu de encontrar os amigos e se dedicou completamente a seu amado.

Em 1964, Brady apresentou a Hindley o estágio seguinte de seu relacionamento: uma vida criminosa. Sua primeira ideia foi um assalto a banco. A obediente Myra se associou a um clube de tiro e

A mãe da vítima Lesley Ann Downey observa a busca pelo corpo de sua filha.

obteve duas armas para o parceiro. No entanto, antes que o assalto fosse executado, Brady mudou de ideia. Não era um assalto que ele queria cometer, mas um assassinato.

Primeira vítima

A primeira vítima do casal foi Pauline Reade, de 16 anos. O casal armou uma cilada para a adolescente a caminho de um baile, em 12 de julho de 1963. Eles a atraíram até Saddleworth Moor,* onde Brady a estuprou e cortou sua garganta. Então, ambos a queimaram ali.

Tendo sido bem-sucedido com o crime, em 11 de novembro, Brady decidiu que era o momento para matar novamente. A vítima dessa vez foi John Kilbride, um garoto de 12 anos de idade, sequestrado em Ashton-under-Lyme. Sete meses depois, em junho de 1964, outro garoto de 12 anos, Keith Bennett, foi sequestrado próximo de sua residência, em Manchester.

* N.T.: Região no norte da Inglaterra, cujo terreno é acidentado e a vegetação é de grama irregular e pantanosa.

Ambos foram estuprados, assassinados e enterrados nos pântanos.

Após seis meses, eles atacam novamente, no *boxing day,** em 26 de dezembro de 1964. Dessa vez, eles pegaram uma garota, Lesley Ann Downey, de dez anos de idade. Com a assistência de Hindley, Brady tirou fotos pornográficas de Downey, que ele planejava vender para pervertidos ricos. O casal, agora completamente absorvido por sua maldade, ainda gravou uma fita de áudio com a tortura à qual submeteram a aterrorizada garotinha. Finalmente, Brady a estuprou, e ele ou Hindley – dependendo de qual narrativa você acreditar – a estrangulou antes que a enterrassem nos pântanos com os demais.

Brady se vangloriou de suas proezas para o cunhado de Hindley, David Smith. Irritado porque Smith não acreditou nele, Brady fez com que Hindley levasse Smith a sua casa, em 6 de outubro de 1965, pois estava prestes a despachar sua mais nova vítima, Edward Evans, de 17 anos. Smith não ficou impressionado, mas horrorizado, e foi à polícia na manhã seguinte. Eles invadiram a casa e encontraram lá o corpo de Evans.

Investigações mais aprofundadas rapidamente os levaram a iniciar a escavação nos pântanos, onde encontraram os corpos de Downey e Kilbride. Em seguida, foram encontradas uma caixa contendo as fotos e a fita documentando o assassinato de Downey. No julgamento, Brady e Hindley tentaram culpar David Smith, mas a evidência sensacional da fita levou ambos a serem acusados de assassinato.

Brady e Hindley foram condenados à prisão perpétua. Hindley protestou sua inocência durante um longo período, mas finalmente aceitou sua responsabilidade parcial. Brady aceitou sua culpa e mais tarde confessou outros cinco assassinatos, que permanecem não comprovados. Em 2002, ele escreveu um livro sobre serial killers que causou controvérsia na Grã-Bretanha quando lançado. No mesmo ano, Myra Hindley morreu na prisão.

* N.T.: Termo adotado para descrever o dia seguinte ao Natal, no qual as lojas liquidam suas mercadorias.

Charles Starkweather e Caril Fugate

O caso de Charles Starkweather e Caril Fugate é fascinante, se não chocante. Charles Starkweather, um rebelde de 19 anos, tinha como modelo James Dean. Caril Fugate era sua namorada menor de idade. Juntos eles embarcaram em um frenesi assassino sem precedentes, matando familiares, amigos, estranhos e qualquer um que cruzasse seus caminhos. Finalmente eles foram pegos pela lei e acusados por uma série de assassinatos. Starkweather foi sentenciado à morte; tendo apenas 14 anos de idade na época de sua condenação, a pena de Caril Fugate foi trocada por prisão perpétua. A razão da exibição súbita pelo casal de tal brutalidade inconcebível para com uma série de vítimas inocentes, deixando um rastro de sangue por onde quer que passassem, permancece misteriosa até os dias atuais.

Reputação de ser violento

Charles Starkweather era oriundo de Nebraska e o primeiro de sete filhos. Sua família era pobre, mas aparentemente estável. Porém, durante os anos escolares, ele era caçoado e se tornou supersensível, se envolvendo com frequência em brigas com outros garotos da classe. A natureza frenética de seus ataques era notável, e, quando adolescente, desenvolveu a reputação de ser violento. Ele e seu amigo próximo Bob Von Busch idolatravam a estrela de cinema James Dean, imitando seu herói nos mínimos detalhes, uma pose que impressionou Barbara Fugate, a namorada de Bob, e sua irmã mais nova, Caril.

Charles não era um jovem muito inteligente, mas isso não incomodava a jovem e impressionável Caril, que também não era muito brilhante. O casal começou a sair junto, apesar do fato de Caril ter apenas 13 anos. Rapidamente ficou claro que Charles estava inebriado com sua nova namorada, gabando-se de que se casariam e que ela estaria grávida – uma afirmação que, embora falsa, não o tornou muito benquisto pelos pais de Caril.

Assalto fatal

Starkweather deixou a escola aos 16 anos de idade e começou a trabalhar em um depósito de jornal. No entanto, rapidamente desistiu do emprego e passou a trabalhar

"Starkweather idolatrava James Dean, imitando-o nos mínimos detalhes."

como gari, principalmente porque ele poderia ver Caril com mais frequência depois que ela saísse da escola. Ele se mudou da casa de sua família para uma pensão, mas então percebeu que não poderia pagar pelo aluguel. Starkweather se tornou incrivelmente frustrado por sua vida de pobreza e caiu na armadilha de uma situação que parecia não dar futuro a ele ou a sua namorada. Finalmente, sua paciência se esgotou quando recusaram a ele crédito em um posto de gasolina para comprar um bicho de pelúcia para Caril, e então ele decidiu fazer justiça com as próprias mãos.

Às 3 horas de uma noite fria e congelante de dezembro de 1957, Starkweather voltou ao posto de gasolina. Lá, ele assaltou o atendente que havia anteriormente lhe recusado crédito, Robert Colville, de 21 anos, o levou para uma área deserta e atirou nele.

Seu próximo crime foi ainda mais inacreditável. Ele dirigiu até a casa de Caril e após uma violenta discussão, atirou na mãe da namorada, Velda Bartlett, em seu sogro, Marion Bartlett, e esfaqueou até a morte a meia-irmã de Caril, Betty Jean, um bebê. Então, ele arrastou o corpo de Velda para o banheiro, do lado de fora, colocou o de Marion no galinheiro e pôs o corpo do bebê em uma lixeira. Quando Caril retornou da escola para casa, o par limpou o sangue e passou vários dias na casa da família à vontade. Os visitantes da casa eram mandados embora porque todos "estavam com gripe". Quando a polícia investigou, o casal fugiu. A primeira vítima que eles mataram juntos foi August Meyer, um homem solteiro de 72 anos que fora amigo da família Starkweather durante muitos anos. Eles atiraram no homem, esconderam seu corpo em uma construção anexa e furtaram suas armas. Então, eles pegaram carona com os adolescentes Robert Jensen e Carol King. Atiraram repetidas vezes na cabeça de Jensen, enquanto King foi esfaqueada até a morte e deixada com a parte inferior do corpo nua.

Refém ou cúmplice?

A parada seguinte do casal foi em uma parte rica da cidade onde Starkweather havia recolhido lixo certa vez. Eles chamaram Clara Ward e sua empregada, Lillian

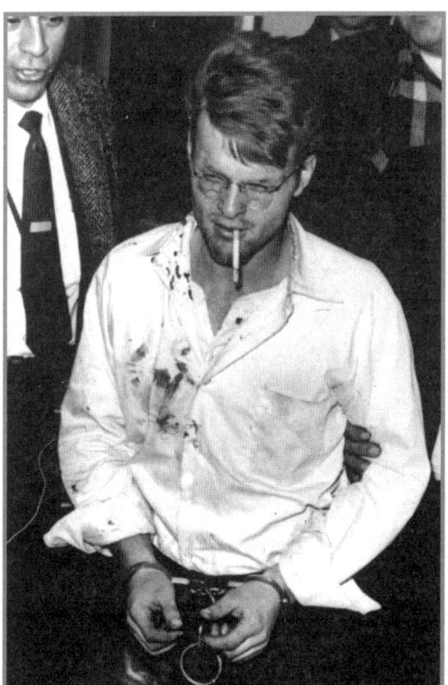

James Dean até o final – Starkweather não abandonou a pose nem mesmo na prisão.

Fencl. Starkweather ordenou que a sra. Ward preparasse o café da manhã para eles antes de esfaqueá-la até a morte. Quando seu marido chegou em casa, ocorreu uma briga e ele foi morto. Finalmente, a empregada foi amarrada a uma cama e esfaqueada até a morte. O par então fugiu com o veículo dos Ward, um Packard preto. Além disso, em sua jornada, eles atiraram em um viajante, o vendedor de sapatos Merle Collison.

Finalmente, após uma perseguição de carro, a polícia prendeu Starkweather e Fugate em Wyoming. Para se proteger, Fugate alegou que havia sido feita refém por Starkweather. Em resposta, Starkweather afirmou que ela havia cometido alguns dos assassinatos. Ninguém acreditou nas histórias do casal; ambos foram julgados por assassinato e considerados culpados.

Starkweather foi condenado à morte e Fugate, por causa de sua idade, recebeu a pena de prisão perpétua. Sua história extraordinária, que pareceu motivada não apenas pela extrema violência, mas também por uma curiosa falta de inteligência, típica de inocência infantil, inspirou muitos filmes hollywoodianos de sucesso.

Fred e Rosemary West

Os crimes de Fred e Rosemary West chocaram totalmente o povo da Grã-Bretanha quando vieram à tona, em 1994. Não foi simplesmente porque nove corpos foram encontrados enterrados sob a residência do casal, em Gloucester. Não foi porque um desses corpos pertencia à sua própria filha, Heather. Não foi sequer a descoberta de que outros corpos pertenciam à primeira esposa de Fred West e à sua filha. O que foi quase insuportável para a população aceitar é que essa sangrenta carnificina teve como cenário uma casa de família aparentemente normal, um lugar cheio de crianças e visitantes, chefiado por um casal feliz.

Quase analfabeto

Para compreender os crimes dos West deve-se, assim como acontece tantas vezes nesses casos, voltar ao início de suas infâncias. Fred West era um dos seis filhos de Walter e Daisy West, nascido em 1941, em Much Marcle, às margens da Floresta de Dean – na época, o vilarejo era uma região rural muito pobre. Fred era muito próximo de sua mãe. Ele afirmou que seu pai abusava sexualmente das irmãs, embora esse fato não tenha sido confirmado. Seu desempenho na escola foi ruim e era quase analfabeto quando ele a deixou, aos 15 anos de idade. Ele trabalhava como lavrador, a exemplo de seu pai e de seu avô. Aos 17 anos se envolveu em um sério acidente de moto no qual sofreu uma lesão na cabeça – fator comum nos antecedentes de um grande número de serial killers. Dois anos mais tarde, ele foi preso por fazer sexo com uma garota de 13 anos de idade. Ele conseguiu escapar de ser preso após seu advogado dizer ao juiz que Fred sofria de ataques epiléticos, porém seus pais o expulsaram da casa da família durante um período.

Uma história diferente?

Em 1962, Fred conheceu Catherine "Rena" Costello, uma jovem com registros de delinquência e prostituição. Eles se apaixonaram, mudaram para a Escócia – terra natal de Rena –, e se casaram, apesar de já estar grávida de um motorista de ônibus asiático. A criança, Charmaine, nasceu em 1963. No ano seguinte, eles tiveram uma filha juntos, Anna Marie. Então, mudaram-se de volta a Gloucester, onde se separaram. Fred iniciou um

relacionamento com uma amiga de Rena, Anne McFall. Em 1967, McFall engravidou de Fred e exigiu que ele se divorciasse de Rena para se casar com ela. Isso provocou o primeiro assassinato de Fred: ele matou McFall, desmembrou seu corpo e o do bebê, que não havia nascido, e os enterrou próximo do estacionamento de *trailers* onde viviam. Curiosamente, ele decepou as pontas dos dedos das mãos e dos pés de McFall antes de enterrá-la. Isso veio a se tornar a marca registrada de Fred West.

Após o assassinato de McFall, Rena voltou a viver com Fred. Durante esse período, acredita-se que ele tenha assassinado Mary Bastholm, de 15 anos, que raptou em um ponto de ônibus em Gloucester. Mais tarde, o casal se

"Rose assassinou Charmaine quando estava sob domínio de um de seus ataques de fúria."

separou novamente, e então Fred conheceu uma jovem que viria a ser tão cruel e perversa quanto ele.

Rosemary Letts nasceu em novembro de 1953, em Devon. Sua mãe, Daisy Letts, sofria de depressão profunda. Seu pai, Bill Letts, era esquizofrênico e havia abusado sexualmente da filha. Uma criança bonita e um pouco lenta, Rosemary se tornou uma adolescente obesa e sexualmente precoce. Quando ela conheceu Fred West, 12 anos mais velho, ele parecia o homem dos seus sonhos. Logo em seguida, porém, Fred foi preso por não pagamento de multas. A essa altura, Rose, que nem havia completado 16 anos, estava grávida de Fred.

Quando Fred deixou a prisão, Rose foi morar com ele, Charmaine e Anna Marie, e, em 1970, deu à luz Heather. No ano seguinte, enquanto Fred estava novamente preso, Charmaine desapareceu. Rose disse às pessoas que a mãe de Charmaine, Rena, havia voltado para buscar a filha. Na verdade, Rose havia assassinado Charmaine sob domínio de um de seus ataques de fúria, que se tornariam familiares aos seus outros filhos.

Quando Fred foi solto, ele enterrou o corpo da criança sob a casa. Pouco tempo depois, Rena de fato voltou à procura de Charmaine. Fred também a matou e enterrou no campo.

Em 1972, Fred e Rose se casaram e tiveram uma segunda criança, Mae. Eles se mudaram para uma casa na Cromwell Street, em Gloucester. Lá, eles se entregaram ao sexo imoral, utilizando o porão da casa como um local para a prática sexual pervertida. Ali, eles até estupraram a própria filha de oito anos, Anna Marie. Mais tarde naquele mesmo ano, eles empregaram Carolina Owens, de 17 anos, como babá. Owens rejeitava as investidas sexuais do casal – a essa altura, Rose fazia sexo com homens e mulheres –, e eles então a estupraram. Ela fugiu e

contou à polícia, mas quando o caso foi julgado, em janeiro de 1973, o magistrado espantosamente acreditou na palavra de Fred em vez de Owens e liberou os West, sob pagamento de uma fiança.

Ao menos Owens escapou com vida. A próxima babá do casal, Lynda Gough, acabou desmembrada e enterrada sob o

A Cromwell Street rapidamente começou a atrair o público, ávidos por verem essa casa de horrores. Até mesmo a placa de identificação da casa foi furtada como um troféu.

porão. No ano seguinte, quando Rose deu à luz outra criança, Stephen, o casal assassinou Carol Ann Cooper, de 15 anos. No final de dezembro, eles seduziram a estudante universitária Lucy Partington, torturaram-na durante uma semana e então a assassinaram, desmembrando-a e enterrando-a.

As perversões dos West se tornaram cada vez mais extremas. Durante os 18 meses posteriores, eles mataram mais três mulheres: Therese Siegenthaler, Shirley Hubbard e Juanita Mott. Hubbard e Mott foram submetidas a torturas quase inimagináveis: seus corpos, quando exumados, estavam vestidos com elaborados trajes de escravos sexuais. A cabeça de Hubbard estava completamente envolta em fita adesiva, com apenas um tubo plástico inserido em seu nariz para que pudesse respirar.

Em 1977, Rose, que a essa altura também estava trabalhando como prostituta, engravidou de um de seus clientes. Porém, na mesma época, sua mais nova agregada, Shirley Robinson, uma ex-prostituta de 18 anos, engravidou de Fred. Rose se indignou com tal fato e decidiu que a garota deveria ir embora. Em dezembro de 1977, ela foi assassinada e como o porão agora estava cheio, os West a enterraram no jardim dos fundos, junto com o feto.

Em maio de 1979, os West mataram novamente. A vítima dessa vez foi a adolescente Alison Chambers – outro corpo destinado ao jardim dos fundos. Então, até onde se sabe, os West pararam de matar por prazer. É possível que eles tenham continuado a matar e suas vítimas nunca tenham sido encontradas; pode ser que eles tenham descoberto outras fontes de excitação sexual. O que aconteceu exatamente é ainda desconhecido.

Durante os anos de 1980, Rose teve mais três filhos: dois de outro cliente e um de Fred. Ela continuou a trabalhar como prostituta, se especializando em práticas de escravidão sexual ainda mais extremas. Fred passou a se interessar em gravar vídeos de Rose fazendo sexo e continuou a abusar de suas filhas, até Heather contar a uma amiga sobre sua vida doméstica. Os pais de sua amiga contaram aos West as alegações de Heather e Fred, em resposta, a matou, a última de suas vítimas conhecidas.

Em 1992, uma jovem que os West haviam estuprado foi à polícia. Em 6 de agosto do mesmo ano, a polícia chegou à Cromwell Street com um mandado de busca, a fim de procurar por pornografia e evidências de abuso infantil, que eles encontraram em grande quantidade. Rose foi presa por cumplicidade no estupro de menor e Fred, por estupro e sodomia de menor. Anna Marie deu um depoimento apoiando a acusação, assim como o filho mais velho do casal, Stephen. Mas devido a ameaças feitas pelos West, os filhos foram proibidos de falar e o caso se esvaziou. Enquanto isso, o filho mais novo foi colocado sob cuidados de uma instituição. Durante sua permanência lá, os assistentes sociais ouviram a criança fazer piada sobre sua irmã mais velha, Heather, ter sido enterrada sob o pátio. Um dia de escavações revelou ossos humanos, e não apenas os de Heather. Finalmente, um total de nove corpos foi encontrado no jardim. Outros corpos enterrados em outros locais foram exumados posteriormente.

Em 13 de dezembro de 1994, Fred e Rosemary West foram acusados de assassinato. Uma semana mais tarde, Fred se enforcou na prisão com pedaços de lençóis. A defesa de Rose tentou culpar Fred pelos assassinatos, mas ela foi devidamente sentenciada à prisão perpétua.

Oportunistas

Serial killers, tipicamente, são indivíduos guiados por motivações sexuais violentas de difícil compreensão para a maioria das pessoas. Assaltos podem ser parte integral dos padrões de ataques de um assassino, mas raramente é a única motivação para assassinatos em série. Pouquíssimos serial killers são motivados puramente por ganhos financeiros. Parece que, embora a ganância possa fazer com que indivíduos matem uma ou duas vezes, ela, em suma, não provoca uma série de assassinatos brutais. Porém, há exceções a essa regra. Em alguns casos, parece não haver motivação sexual em quaisquer aspectos do assassino; ele ou ela mata, cruel e brutalmente, para roubar as posses das vítimas. Esses são os oportunistas, criminosos que estão preparados para assassinar repetidamente por nenhum outro motivo se não dinheiro – em geral e de maneira surpreendente, pequenas quantias.

Veja Faye e Ray Copeland, um casal de fazendeiros idoso do Nebraska que assassinou lavradores temporários por ganhos miseráveis. Da mesma forma, Raymond Fernandez e Martha Beck, outro casal que estava preparado para matar como parte de algo que outrora se trataria de uma série de fraudes de quinta categoria. Até mesmo Charles Sobhraj, um homem geralmente retratado como uma espécie de gênio do mal entre os serial killers, na maioria das vezes, assassinou mochileiros, por pouco mais do que um passaporte e um punhado de cheques de viagem.

Ray e Faye Copeland

Faye e Ray Copeland talvez tenham sido o mais improvável time de serial killers na história norte-americana. Casal idoso, eles eram trabalhadores rurais antiquados que levavam uma vida aparentemente simples que orbitava ao redor de tarefas diárias em sua fazenda em Nebraska. No final das contas, porém, sua vida estava longe de ser simples; juntos, eles estavam contratando uma série de homens jovens para trabalhar como lavradores e então os assassinavam, como parte de um golpe para enriquecer. Durante um longo período eles ficaram indetectáveis, afinal, ambos eram cidadãos idosos, aparentemente vivendo de maneira sossegada no campo. Mas, finalmente, a lei os apanhou e revelou a horripilante verdade sobre a vida (e a morte) na fazenda Copeland.

Fotografias antigas do álbum de família – imagens inocentes que escondiam os assassinos nos quais o casal se tornaria.

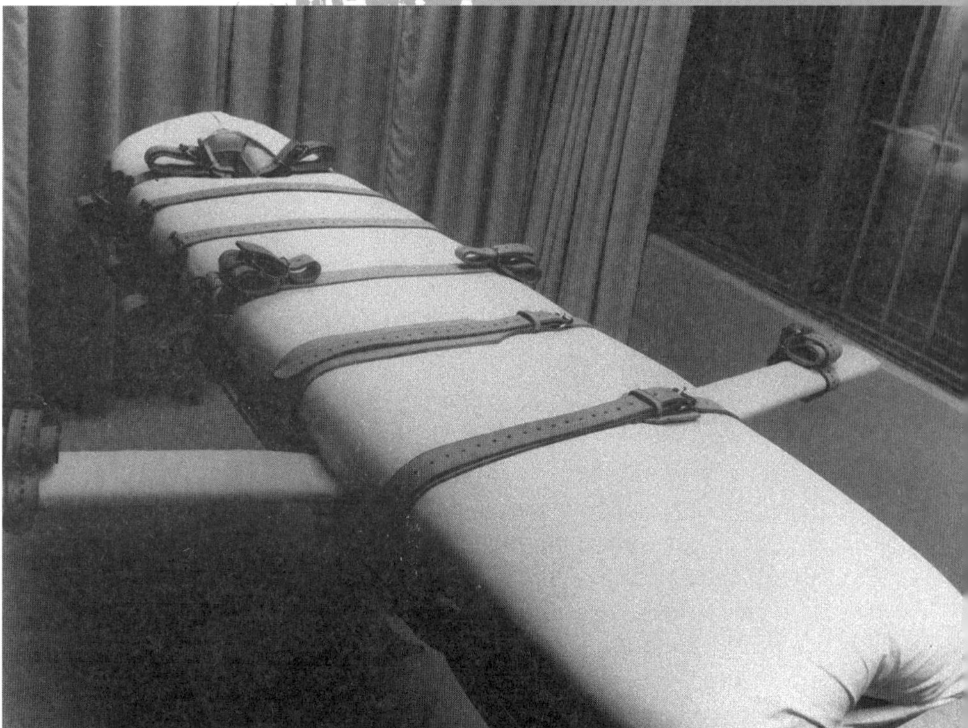

Faye e Ray escaparam desse assustador final, ao morrer de causas naturais – um destino que eles negaram a suas muitas vítimas.

Depressão

Ray Copeland nasceu em Oklahoma, em 1914. Enquanto Ray crescia, sua família se mudava de um lado para o outro, lutando para sobreviver durante a Depressão. Quando jovem, ele começou uma vida de pequenos delitos, furtando gado e falsificando cheques, até ser pego e cumprir um ano de prisão. Após ser solto, ele conheceu sua futura esposa, Faye, uma cúmplice leal para seus crimes durante seu longo casamento.

O casal rapidamente teve vários filhos e o dinheiro se tornou escasso. Ray continuou a furtar gado e a falsificar cheques; sua reputação, cada vez pior, fez com que a família tivesse que continuar se mudando. Durante esse período, Ray cumpriu diversas sentenças na prisão, até finalmente surgir com um novo plano: não ir direto ao ponto, mas melhorar seus métodos ilegais de ganhar dinheiro, de modo que ele não fosse detectado.

Fraudador

Uma vez conhecido como fraudador, Copeland não podia comprar ou vender gado. Para contornar esse problema, ele passou a recolher vagabundos e mendigos, empregando-os como lavradores. Ele ia ao mercado com seus empregados, que compravam gado para ele e pagavam com cheques falsos. Após as transações, Copeland vendia o gado rapidamente e os trabalhadores desapareciam sem rastro. O golpe funcionou por algum tempo, mas a polícia os apanhou. Mais uma vez, Ray Copeland foi à cadeia.

Quando solto, Copeland retomou suas atividades criminais, mas dessa vez ele se certificou de que sua fazenda fosse operada de maneira mais independente. Isso prosseguiu até que um antigo empregado, Jack McCormick, telefonasse para o Nebraska Crime Stoppers,* em agosto de 1989, para falar a respeito dos Copeland. Ele havia trabalhado na fazenda e disse ter visto ossos humanos lá, além de afirmar que Ray Copeland tentou matá-lo.

A polícia estava inicialmente cética em relação às queixas, mas uma vez checados os registros de Copeland, eles decidiram investigá-los minuciosamente. Em outubro de 1989, eles visitaram a fazenda Copeland, munidos de um mandado de busca, dezenas de policiais e um grupo de cães farejadores. Porém, no início, eles falharam em encontrar quaisquer provas que incriminassem o casal. Então, quando estavam prestes a perder as esperanças, os restos de três corpos foram encontrados em um celeiro nas proximidades. Eram corpos de três homens jovens, todos mortos com um tiro na cabeça, disparado pelas costas. À medida que a busca prosseguia, mais corpos eram descobertos, todos mortos pela mesma arma, um rifle Marlin calibre 22, mais tarde encontrado na casa dos Copeland.

Já estava claro que Copeland era um assassino sanguinário que havia matado cruelmente seus empregados, visando fraudes financeiras. Mas e quanto a sua esposa Faye? Durante a investigação, veio à tona uma evidência não apenas incriminadora, mas também profundamente sinistra: uma colcha que Faye havia confeccionado com as roupas dos homens mortos. Quando ela foi a julgamento, a defesa criou uma imagem sua

* N.T.: Organização que recebe ligações telefônicas de pessoas que queiram denunciar criminosos ou fornecer pistas para a solução de crimes, no estado do Nebraska, Estados Unidos.

como a de uma esposa e mãe obediente que havia sofrido surras e maus-tratos de seu marido abusivo. Porém, a colcha permaneceu um lembrete macabro que, independente de qual fosse seu envolvimento, Faye Copeland sabia perfeitamente que seu marido era um assassino em série e não fez nada para impedi-lo.

Faye Copeland foi condenada à morte por injeção letal. Ao saber das notícias, Ray Copeland não demonstrou qualquer emoção. Ele também foi condenado à morte por injeção letal. Faye e Ray Copeland, aos 69 e 76 anos de idade, respectivamente, se tornaram o casal mais velho a receber pena de morte nos Estados Unidos. No entanto, nenhuma das execuções ocorreu: Ray morreu esperando por ela e a pena de Faye foi trocada por prisão perpétua. Ela morreu mais tarde, aos 82 anos de idade, de causas naturais.

Martha Beck e Raymond Fernandez

A história de Martha Beck e Raymond Fernandez, os intitulados "*lonely hearts killers*", foi uma das mais sensacionais a sobressair nas notícias. Foi uma história suja de dois amantes que se conheceram por meio de uma coluna para pessoas em busca de parceiros, e que passaram a roubar e matar uma série de mulheres solteiras e ingênuas. As ações do casal os definiram como uma dupla cujos níveis de distúrbio e crueldade eram fora do comum, mas havia outro aspecto sobre o caso que o público identificou prontamente: amor obsessivo. Martha Beck era uma mulher solitária e acima do peso que havia tido uma vida relativamente normal como mãe solteira e enfermeira, até se apaixonar pelo assassino e charlatão Fernandez. Durante o processo, visto que ela fez um grande esforço para ter seu amor correspondido, abriu mão de qualquer vestígio de decência humana que ela poderia outrora ter possuído. Primeiro, ela abandonou os próprios filhos e depois ajudou a assassinar as vítimas inocentes de seu amado, em um dos casos, uma criança de dois anos. Essa súbita mudança em sua personalidade fascinou os críticos –

Escrava de Fernandez (centro) ou uma cúmplice solícita? Martha Beck (esquerda) enganava mulheres muito parecidas consigo.

pelo menos até o horror de seus crimes ser revelado – despertando certa compaixão no povo norte-americano.

Além da paixão insana como tema principal, havia outros aspectos da história que fascinaram o público: durante o julgamento, provas das práticas sexuais bizarras do casal, que incluíam rituais de vodu, vieram à tona. A imprensa também se referiu constantemente ao tamanho de Beck, em tal extensão que às vezes parecia que ela estava em julgamento por estar acima do peso, e não por ser uma assassina cruel.

Execução

Os detalhes sombrios do caso apareceram no abrasador verão de 1949. Durante o julgamento, o tribunal estava repleto de espectadores, a maioria mulheres, e a polícia teve que deter a multidão. Quando o julgamento chegou ao final, Beck e Fernandez foram acusados de assassinato e condenados à morte. Mesmo no corredor da morte, os dramas continuaram, conforme publicados na imprensa os constantes desentendimentos e reconciliações do casal. Em 8 de março de 1951, o tempo finalmente se esgotou para ambos, e eles foram executados – primeiro Beck e depois Fernandez – na cadeira elétrica.

Raymond Fernandez era um espanhol nascido no Havaí que cresceu em Connecticut e depois, quando jovem, foi à Espanha para trabalhar em uma fazenda. Lá, ele se casou com uma nativa, Encarnacion Robles. Durante a Segunda Guerra Mundial, ele trabalhou para a Inteligência Britânica, e então voltou para os Estados Unidos em busca de trabalho, deixando a esposa e o filho na Espanha. Na viagem, ele sofreu um acidente a bordo do navio e recebeu uma pancada na cabeça. Quando se recuperou do ferimento, seus modos haviam mudado completamente: em vez de amigável e sociável, ele se tornara agressivo e introvertido.

Fernandez então começou uma carreira de roubos e fraudes. Ele se associou a diversas agências de relacionamento e se correspondeu com uma série de mulheres. Após conhecê-las, ele furtava seu dinheiro, talões de cheque, joias e qualquer outra posse que estivesse ao alcance das mãos. Pouquíssimas mulheres que ele enganou foram à polícia, envergonhadas por terem se envolvido com um amante latino. Em um caso, Fernandez foi além do furto: ele deixou uma mulher, Jane Thomas, morta em um hotel após uma discussão. Ele, então, foi ao apartamento da vítima com um testamento falso e tomou seus pertences, muito embora sua mãe idosa vivesse na propriedade.

Serial killers que receberam sua sentença completa – Beck e Fernandez morreram na cadeira elétrica.

Coração solitário

Uma das muitas correspondentes de Fernandez era Martha Beck, mãe solteira de dois filhos. Posteriormente, Beck provou que havia tido uma infância difícil. Ela afirmou ter sido abusada sexualmente por seu irmão e responsabilizou a mãe pelo incidente. Quando jovem, ela se tornou obesa e havia sido alvo de piadas maldosas na escola. Embora tenha se saído bem na escola de enfermagem, seu tamanho era motivo de preconceito por parte dos empregadores, e ela acabou por trabalhar em um necrotério. Então, Beck engravidou de um soldado que se recusou a casar com ela, tentando até o suicídio para evitar tal situação – uma circunstância que ela, naturalmente, considerou muito deprimente. Porém, Beck persistiu em encontrar um marido e engravidou novamente, mas, infelizmente, o casal se divorciou rapidamente. Como mãe solteira, ela trabalhou duro e finalmente foi bem-sucedida em sua carreira de enfermeira – até seu fatídico encontro com Raymond Fernandez.

"Beck ficou obcecada por Fernandez, ao ponto da loucura."

Quando Martha Beck conheceu Fernandez, ela imediatamente ficou obcecada por ele, ao ponto da loucura. Ela o seguiu até Nova York com seus dois filhos, e quando ele se queixou das crianças, ela prontamente as levou para um albergue do Exército da Salvação e as deixou lá. Fernandez então contou a ela a respeito do modo em que vivia, roubando mulheres solitárias, e ela decidiu apoiá-lo na carreira que ele escolhera. Beck acompanhava Fernandez nas missões, frequentemente se apresentando como sua irmã ou cunhada e ajudando a ganhar a confiança das vítimas.

No início, Beck e Fernandez simplesmente roubavam e enganavam as mulheres; no devido tempo, eles começaram a matar. Suas vítimas eram sempre mulheres solteiras e solitárias que haviam publicado um anúncio em busca de companhia ou marido, e eram azaradas o suficiente para se relacionar com Fernandez e sua "irmã" Beck. Elas conheceram a morte de maneiras apavorantes: Myrtle Young morreu de uma pesada overdose de drogas administradas por Fernandez; Janet Fay foi espancada até a morte por Beck; e Delphine Downing levou um tiro na cabeça, disparado por Fernandez, em frente à filha de dois anos de idade da vítima, Rainelle. Como Rainelle não parava de chorar pela morte de sua mãe, Beck afogou a criança em uma banheira com água suja.

À medida que os detalhes do caso surgiam, o povo norte-americano ficava cada vez mais horrorizado com a aparentemente serena Beck. Quando o julgamento terminou, poucos continuaram a se compadecer da mulher solteira acima do peso que afirmava ter cometido os crimes "em nome do amor".

Charles Sobhraj

É fato que, enquanto a maioria dos crimes é cometida visando ganhos financeiros, é muito raro que assassinos em série tenham o dinheiro como seu objetivo primário. Eles muitas vezes roubam suas vítimas, mas é, em geral, uma motivação secundária, sendo algum tipo de gratificação sexual o propósito principal.

Charles Sobhraj, apelidado de "a serpente", é uma exceção precisa à regra do serial killer. Ele é acusado de cerca de 20 assassinatos. Todas as suas vítimas eram mochileiros que viajavam pelo sudeste asiático, assassinados, em todos os casos, por dinheiro. Segundo declaração do próprio Sobhraj dada a um jornalista, em 1976, na época de seu julgamento por assassinato: "Se eu já matei ou ordenei assassinatos, foi por negócios, puramente – apenas uma profissão, como um general no exército".

Charles Sobhraj nasceu em 1944, filho de um alfaiate indiano e a namorada vietnamita, Song. Seu pai se recusou a casar com sua mãe ou assumir muita responsabilidade sobre o filho. Mais tarde, Song se casou com um soldado francês, o tenente Alphonse Darreau, e a família consequentemente se mudou para Marselha, França. Charles era uma criança indisciplinada, que não se sentia parte da nova vida da mãe. Ele se escondeu por diversas vezes em navios, deixando Marselha, na tentativa de retornar para seu pai biológico, mas foi descoberto em todas as ocasiões. À medida que ele cresceu, adquiriu a reputação de ser desonesto. De menino franzino e pequeno, ele se tornou especialista em manipular pessoas, especialmente seu meio-irmão, Andre, fazendo-o obedecer a seus planos.

Prisão

No final de sua adolescência, Sobhraj deixou sua casa e foi a Paris, onde ele foi preso por roubo em 1963 e condenado a três anos de prisão. Essa poderia ter sido uma experiência desagradável, mas o talento de Sobhraj em manipular pessoas – somado às suas habilidades em artes marciais – foram muito úteis no ambiente prisional. Uma das pessoas que ele cativou lá foi um jovem prisioneiro rico chamado Felix d'Escogne.

Quando solto, Charles foi morar com Felix e foi apresentado a um mundo de *glamour* e dinheiro. Sobhraj estava confortável nesse ambiente e se casou com uma jovem elegante, Chantal. Porém, para se manter nesse mundo, era necessário ter dinheiro, e a única maneira de ganhá-lo era roubando. Ele começou a furtar as casas de seus amigos ricos e emitir cheques falsos. Finalmente, ele fugiu da França com sua esposa. O casal passou o restante dos anos 1960 aplicando golpes em sua jornada pelo leste europeu e o Oriente Médio, antes de se estabelecerem em Mumbai, Índia. Chantal deu à luz um filho durante esse período.

Durante seu julgamento, Sobhraj sempre teve o cuidado de cobrir o rosto de alguma maneira, pois presumia que um dia poderia ser solto: uma eventualidade improvável.

Assassinato

Em 1971, a família teve de fugir da Índia após um roubo de joias malsucedido. Eles foram para Cabul, no Afeganistão, durante um período, onde Charles se especializou em roubar *hippies* que passavam por lá. Contudo, Chantal já estava farta e voltou para Paris com seu filho. Charles retomou suas andanças por um período em companhia de seu irmão Andre. A parceria terminou em uma prisão grega de onde Charles conseguiu escapar, deixando o irmão para trás. Charles rapidamente encontrou um novo parceiro, Marie Leclerc, que se apaixonou loucamente por ele. Eles se mudaram para a Tailândia e estabeleceram residência em um *resort* localizado na praia de Pattaya. De maneira gradual, Sobhraj criou uma comitiva a seu redor, que lembrava a "família" criada por Charles Manson.

Foi nessa ocasião que Sobhraj passou a matar, e não apenas roubar. Sua primeira vítima foi uma norte-americana chamada Jennie Bollivar. Ela foi encontrada morta em uma piscina natural, nas águas quentes do Golfo da Tailândia, usando biquíni. À primeira vista pareceu um acidente, mas a autópsia revelou que ela possivelmente morreu por ter sido segurada sob a água. A vítima seguinte era uma jovem judia sefardita, Vitali Hakim, que foi assaltada, espancada e queimada.

Um casal de estudantes holandeses, Henk Bintanja e sua noiva Cornelia "Cocky" Hemker foram os seguintes, ambos estrangulados e queimados. A essa altura, uma amiga de Hakim, Charmaine Carrou, foi procurá-la. Assim como Bollivar, ela foi afogada, de biquíni, o que fez com que o assassino desconhecido fosse intitulado o "assassino do biquíni".

> "O talento de Sobhraj em manipular pessoas foi muito útil no ambiente prisional."

Descoberta

Após a publicação de notícias na imprensa tailandesa, Sobhraj decidiu se esconder por algum tempo. Ele fugiu para o Nepal, onde conheceu e assassinou outro casal, Laddie Duparr e Annabella Tremont, e então deixou o país usando o passaporte do homem morto.

De volta a Bangkok, alguns dos ex-seguidores de Sobhraj encontraram um estoque de passaportes em seu escritório e desconfiaram que ele pudesse ter cometido assassinatos. Sobhraj fugiu de volta ao Nepal, usando o passaporte de Henk Bintanja, depois novamente para Calcutá, na Índia, onde cometeu outro assassinato, de um israelense chamado Avoni Jacob. Uma desnorteante série de mudanças se sucedeu, até ele finalmente retornar à Tailândia. O estardalhaço já havia acabado e Sobhraj era capaz de praticar suborno, a fim de se manter longe de confusão. Ele rapidamente voltou a roubar e matar turistas, até que os ânimos se exaltassem mais uma vez e ele retornasse à Índia, em 1976, onde foi finalmente preso pelo assassinato de um francês.

Quando foi a julgamento, dois de seus aliados testemunharam contra ele. Porém, foi condenado a apenas 12 anos de prisão. Uma vez lá, ele começou a ter uma vida de luxo: comida especial, drogas e livros eram levados a ele, e Sobhraj era livre para passar seu tempo mais ou menos como quisesse. Em 1986, ele planejou uma fuga audaciosa, mas logo em seguida se entregou à polícia em Goa. Ele percebeu que precisava retornar à prisão, a fim de evitar sua extradição para a Tailândia, onde poderia ter que enfrentar a pena de morte.

Finalmente, após 21 anos de cárcere (a essa altura, de acordo com a lei tailandesa, ele não poderia ser acusado por seus crimes), Sobhraj foi solto e deportado para a França. Lá, ele vendeu os direitos de sua história e aproveitou sua vida de notoriedade. Por um momento, parece que ele tinha, de fato, feito manobras para evitar a punição por assassinato.

No entanto, em 2003, por razões ainda inexplicáveis, Sobhraj voltou para o Nepal, onde foi preso. Ele foi acusado pelos assassinatos de Duparr e Tremont, e foi condenado à prisão perpétua – pena da qual ele ainda está recorrendo.

Caçadores da Estrada

Serial killers são, em essência, um produto do mundo moderno. Eles florescem em meio ao anonimato de nossas cidades, de modo que eles nunca poderiam ter feito quando as pessoas viviam em comunidades pequenas e estáveis. Contudo, de Jack, o Estripador, na Londres Vitoriana,* a Fritz Haarmann, em Düsseldorf, entre as duas grandes guerras, e Jeffrey Dahmer, na Milwaukee moderna, as ruas anônimas das cidades foram por muito tempo o hábitat dos serial killers. E com o desenvolvimento dos automóveis no período pós-guerra, uma nova categoria de assassinos emergiu: os da estrada.

O anonimato da estrada tornou possível para assassinos como Henry Lee Lucas e G. J. Schaefer capturar suas vítimas durante muitos anos sem serem descobertos. Eles procuraram caronistas e prostitutas nas paradas de caminhões, os despojos da vida, pois ninguém sabia ou se importava onde eles estavam primeiramente. De maneira irônica, foi exatamente uma dessas almas perdidas, Aileen Wuornos, a espécie de prostituta de paradas de caminhões que poderia facilmente terminar como uma vítima de assassinato, que se tornou uma das poucas serial killers do sexo feminino na sociedade moderna. Ela virou o jogo matando homens que lhe davam carona, e não o contrário.

Os caçadores da estrada têm o poder de nos perturbar porque nos fazem lembrar da verdade que não enfrentaríamos: que em cada estrada do mundo há muitos milhares de pessoas não identificadas que viajam de um lugar a outro, em qualquer época – pessoas pelas quais ninguém está esperando, cujos paradeiros são desconhecidos às suas famílias e amigos, e desaparecimentos não serão notados.

*N.T.: A Era Vitoriana compreende o período do reinado da Rainha Vitória, entre 1837 e 1901.

Henry Lee Lucas

O caso de Henry Lee Lucas foi um dos mais singulares nos anais dos serial killers. Ou ele foi um dos mais produtivos assassinos que já existiram na face da Terra, ou foi responsável por apenas três assassinatos. De acordo com as histórias que ele contou à polícia em meados dos anos 1980, ele cometeu entre 70 e 600 assassinatos, em todo os Estados Unidos. Porém, os únicos assassinatos conclusivamente relacionados a ele foram o de sua mãe, pelo qual ele cumpriu sentença na década de 1960, e os de sua namorada de 15 anos de idade e de uma mulher de 82 anos que ajudou o casal. Esses foram os crimes que culminaram em sua prisão definitiva.

Extremamente pobre

O passado de Henry Lee Lucas foi propício para produzir um serial killer. Ele nasceu em 1936, na cidade de Blacksburg, Virgínia, nos extremamente pobres Apalaches. Ele era o filho mais novo dos nove filhos de Viola e Anderson Lucas, ambos alcoólatras. Viola chefiava a casa e era responsável pela maior parte da renda da família, obtida por meio de prostituição. Anderson era conhecido como "Sem Pernas", pois perdeu seus membros inferiores em um acidente provocado por embriaguez.

Viola Lucas parece ter detestado seu filho mais novo desde o nascimento. Ela inicialmente o enviou à escola, descalço, e usando um vestido. Quando a escola deu a ele calçados, ela bateu nele por tê-los aceito. Mais tarde, durante a infância, ele cortou seu olho com uma faca enquanto brincava. Viola deixou o ferimento infeccionar até o filho ter que remover o olho e substituí-lo por um de vidro. Ela também obrigava os filhos a assisti-la praticando sexo com seus clientes e seu amante, o "Tio Bernie". O pai de Lucas finalmente morreu de pneumonia após passar uma noite fora da casa, deitado sobre a neve. Sua principal contribuição à educação do filho foi apresentá-lo ao uísque contrabandeado. Aos dez anos de idade, Henry era virtualmente um alcoólatra.

Pouco tempo depois, Tio Bernie e o meio-irmão mais velho de Henry os apresentaram à bestialidade, que envolvia abusar sexualmente de animais e matá-los. Essa foi uma atividade que Henry mais tarde afirmou ter começado a praticar habitualmente com satisfação.

> "Aos dez anos de idade, Henry era virtualmente um alcoólatra."

Por sua própria não confiável decisão, sua primeira experiência sexual com uma mulher resultou em seu primeiro assassinato, aos 14 anos, tendo estuprado e estrangulado uma garota desconhecida.

Quase inevitavelmente, foi levado ao crime e, em junho de 1954, foi condenado a seis anos de prisão por roubo. Ele conseguiu fugir da prisão duas vezes, mas foi capturado em ambas as vezes e finalmente solto em 2 de setembro de 1959. Na soltura, ele foi morar com sua irmã em Tecumseh, Michigan. Logo em seguida, sua mãe chegou e tentou convencê-lo a voltar com ela a Blackburg. Isso levou a uma briga ocasionada por embriaguez que culminou em Henry esfaqueando Viola Lucas, fato que resultou em sua morte dois anos depois. Henry foi condenado por assassinato em segundo grau e cumpriu pena de dez anos.

Tentativa de sequestro

Ele foi solto em junho de 1970, mas foi logo preso mais uma vez, por tentativa de sequestro de duas adolescentes. Solto novamente em 1975, ele foi casado rapidamente com Betty Crawford, que se divorciou dele sob alegação de que Lucas havia molestado suas filhas. Aproximadamente nessa época, de acordo com suas confissões posteriores, ele começou sua onda épica de assassinatos, viajando pelas estradas dos Estados Unidos em busca de mulheres para estuprar e matar.

No final de 1976, ele conheceu Ottis Toole em um local onde era servido sopa, em Jacksonville, Flórida. Toole, assim como Lucas, era sexualmente degenerado e assassino, e também com inclinação ao exagero. A dupla se tornou amigos e, em 1978, Lucas estava morando na casa de Toole em Jacksonville, com os jovens sobrinhos de Toole. Lucas se apaixonou pela sobrinha, uma garota chamada Becky Powell, que possuía um leve retardo, apesar do fato de ter apenas 10 dez anos quando se conheceram.

De 1979 a 1981, Lucas e Toole trabalharam juntos em uma empresa de telhados. Se for para acreditar em suas histórias, eles frequentemente dedicavam um longo tempo ao estupro e à chacina. Em 1981, Becky e seu irmão foram colocados sob cuidados em uma instituição. Lucas e Toole os tomaram de volta e se dirigiram à estrada. Em maio de 1982, Lucas e Becky, agora com 15 anos e alegando ser casada com Lucas, foram para o Texas para trabalhar para uma senhora idosa chamada Kate Rich. Os vizinhos de Rich expulsaram o casal da casa quando descobriram que eles estavam descontando cheques em nome da velha senhora.

Lucas e Powell passaram algum tempo em uma comunidade religiosa nas proximidades, antes de Becky decidir que queria voltar para casa. Lucas aparentemente concordou e ambos deixaram a comunidade. No dia seguinte, ele retornou sozinho. Três semanas depois, a velha senhora, Kate Rich, desapareceu. Lucas deixou a cidade um dia depois. Ele foi finalmente preso em 11 de junho, quando retornou à comunidade e foi encontrado com posse ilegal de um revólver.

Confissão

Após quatro dias na prisão, Lucas começou a confissão, primeiro dos assassinatos de Becky Powell e Kate Rich, e então de uma série de outros crimes. Ele foi acusado pelos assassinatos de Powell e Rich e condenado a 75 anos de prisão. Porém, isso não parou sua torrente de confissões. Ele continuou confessando durante 18 meses, com sua contagem aumentando até as centenas. Ele envolveu Toole em muitos desses assassinatos.

A essa altura, detetives de todo o país desejavam ver se Lucas ajudaria a resolver qualquer um dos casos de assassinato que eles investigavam. Mais do que nunca, Lucas estava feliz em ajudar, especialmente se eles o levassem para fora da prisão para visitar o local do assassinato, acomodando-o em hotéis e comprando a ele bifes e *milk-shakes*. Em março de 1985, a polícia de todo o país atribuiu 198 assassinatos como tendo sido cometidos por Lucas, sozinho ou com Toole. As peças começaram a se encaixar nas mentes de alguns procuradores quando Lucas, que nunca havia deixado o país, passou a afirmar que havia cometido assassinatos na Espanha e no Japão, sem mencionar que havia fornecido o veneno usado no Massacre de Jonestown.

Uma fraude?

Uma série de artigos de jornal surgiu, alegando que Lucas era uma fraude que estava usando – e sendo usado por – departamentos da polícia inescrupulosos a fim de limpar sua grande quantidade de assassinatos não resolvidos. A essa altura, o próprio Lucas começou a desmentir suas confissões. Agora ele alegava que, além de sua mãe, ele havia apenas matado Powell e Rich.

Não obstante, enquanto a alegação de mais de 600 assassinatos parecia obviamente exagerada, muitos ainda acreditam que Lucas e Toole tenham matado aproximadamente 100 pessoas. Lucas foi julgado novamente por apenas um assassinato, de uma mulher não identificada, conhecida como "Meias cor de laranja". Ele foi considerado culpado e sentenciado à morte. Porém, investigações posteriores provaram que esse foi um assassinato que Lucas nunca poderia ter cometido, visto que na época ele estava trabalhando na Flórida. Lucas morreu de insuficiência cardíaca, em 13 de março de 2001.

"Detetives de todo o país desejavam ver se Lucas ajudaria a resolver qualquer um dos casos de assassinato que eles investigavam."

Gerard John Schaefer

Gerard John Schaefer foi um serial killer cruel condenado pelos assassinatos de duas adolescentes, mas provavelmente responsável pela chacina de muitos mais. Enquanto cumpria prisão perpétua, ele escreveu literatura de ficção perturbadora sobre estupro, assassinato e sua experiência de viver no corredor da morte. Se seu trabalho era autobiográfico ou apenas descrevia as violentas fantasias sexuais de uma imaginação insana, permanece obscuro. O próprio Schaefer oscilava entre orgulhar-se do número de garotas que ele havia assassinado e a negação de ser um serial killer. Atualmente, não saberemos a verdade sobre quantas jovens ele assassinou, pois ele foi morto com facadas em sua cela por um colega de prisão, em 1995. Na época, a mãe de uma das vítimas de Schaefer comentou: "Eu gostaria de enviar um presente ao cara que o matou... apenas desejo que isso tivesse acontecido antes".

"Ele tentou ingressar como padre na Igreja Católica Romana..."

Apesar do forte esquema de segurança na prisão, Schaefer foi assassinado pelo companheiro de cela, Vincent Rivera.

G. J. Schaefer, como era conhecido, nasceu em 1946, em Wisconsin. A vida familiar das três crianças Schaefer, das quais G. J. era o mais velho, foi uma tristeza, de acordo com o senso comum. Seu pai era alcoólatra e mulherengo. Seus pais mais tarde se divorciaram. O jovem Schaefer sentia que seus pais, em especial seu pai, preferia sua irmã a ele, e cedo mostrou sinais de distúrbios mentais, amarrando-se a árvores para obter prazer sexual, vestindo roupas íntimas femininas e fantasiando sobre a morte.

Quando jovem, Schaefer tentou encontrar sua vocação em vários empregos, mas foi incapaz de encontrar trabalho. Ele tentou ingressar como padre na Igreja Católica Romana, e então tentou se tornar professor, mas não obteve sucesso em nenhum dos campos por causa de sua personalidade desequilibrada.

Divórcio devido à crueldade

Schaefer se casou em 1968, mas dois anos depois sua esposa se divorciou, alegando a crueldade como razão. Ele decidiu se tornar policial e tentou encontrar emprego, muito embora tenha sido reprovado em um teste psicológico. Ele começou bem, mas depois foi demitido por obter informações pessoais de mulheres que cometiam infrações de trânsito, convidando-as para sair. Ele foi realocado e encontrou trabalho em Martin County, Flórida, onde estaria logo envolvido em uma confusão muito maior mais uma vez.

Schaefer deu carona a duas adolescentes, Pamela Wells e Nancy Trotter, e disse a elas que era ilegal pedir carona no município, o que não era verdade. Ele então as levou para casa e disse que iriam à praia no dia seguinte. Um dia depois, ele dirigiu até um pântano com as garotas, sacou uma arma e as amarrou a raízes de árvores com laços ao redor de seus pescoços. Elas conseguiram escapar e contataram a polícia. Dessa vez, ele foi condenado a um ano de prisão.

Enquanto aguardava julgamento, ele deu carona a mais duas adolescentes, Georgia Jessup e Susan Place. Ele as levou ao pântano, as amarrou a árvores e as atacou de maneira selvagem. Na ocasião em que seus corpos mutilados foram encontrados, Schaefer já estava na prisão. Quando a polícia revistou a casa de sua mãe, encontraram itens que pertenciam a várias jovens e garotas que haviam desaparecido na região: as adolescentes que pediam carona, Barbara Wilcox e Collette Goodenough, a garçonete Carmen Hallock, a vizinha Leigh Bonadies e as estudantes Elsie Farmer e Mary Briscolina.

Apesar da crescente evidência de que Schaefer era um serial killer maníaco, ele foi apenas acusado de dois assassinatos: os de Susan Place e Georgia Jessup. Ele foi condenado em 1973 a cumprir duas prisões perpétuas, o que era mais do que suficiente para confirmar que ele não seria mais uma ameaça à população. Por esse motivo outras acusações não foram feitas.

Fã de cultura

Por quase duas décadas, Schaefer definhou na cadeia, mais ou menos esquecido pelo resto do mundo. Apenas quando uma compilação de suas histórias foi publicada sob o título *Killer Fiction* [Narrativas de um assassino] que seus crimes abomináveis foram relembrados. Schaefer descreveu suas histórias como "arte"; porém, muitos as consideraram descrições ficcionais de crimes reais que ele havia cometido. Além de seus contos sobre estupro e assassinato, havia histórias que eram produtos evidentes de sua imaginação insana, incluindo uma sobre praticar sexo com corpos recém-executados na cadeira elétrica.

Não é de surpreender que G. J. Schaefer não era um homem popular entre seus colegas de prisão. Em 1995, o prisioneiro Vincent Rivera, que estava cumprindo prisão perpétua por assassinato, se dirigiu rapidamente à cela de Schaefer e o esfaqueou na garganta e nos olhos, matando-o. Pouquíssimas pessoas lamentaram sua morte. No entanto, sua literatura de ficção continua a ter seguidores até hoje.

Aileen Wuornos

Aileen Wuornos se tornou uma das mais famosas serial killers, não porque ela matou um grande número de vítimas, tampouco porque ela o fez de modo excepcionalmente selvagem, mas pelo simples fato de ser mulher. Antes de sua prisão, admitia-se que não existira até então um serial killer do sexo feminino.

Isso não era verdade. Houve muitos serial killers do sexo feminino antes de Wuornos, mas elas haviam, em sua maioria, cometido assassinatos domésticos, como envenenado maridos ou matado idosos inválidos. Além disso, existiram algumas serial killers que haviam agido como cúmplices de homens. Wuornos, no entanto, não se enquadrava em nenhum padrão; ela estava mais de acordo com a imagem de matador profissional inconsequente, roubando e matando vítimas a sangue-frio. Não é de surpreender que ela tenha vendido os direitos de sua história para o cinema dois dias após sua prisão.

Queimaduras graves

De fato, Hollywood nunca teria se interessado se Wuornos tivesse continuado a ser uma ladra insignificante, em vez de assassina. Ela tinha o tipo de vida que os filmes preferem ignorar. Ela nasceu Aileen Pittman, em Rochester, Michigan, em 29 de fevereiro de 1956. Seus pais, adolescentes, se separaram antes que ela nascesse. Seu pai, Leo, mais tarde foi condenado por molestar crianças. Sua mãe, Diane, se provou incapaz de lidar com a situação sozinha e, em 1960, Aileen e seu irmão Keith foram adotados pelos pais de Diane, Lauri e Britta Wuornos. Isso não fez com que a situação melhorasse. Aos seis anos, Aileen sofreu queimaduras graves no rosto após ela e o irmão terem lançado fogos. Aos 16 anos, ela deu à luz uma criança, que foi adotada. Sua avó morreu no mesmo ano, aparentemente de insuficiência hepática, embora Diane suspeitasse que seu pai, Lauri, tivesse a assassinado.

"Ela vendeu os direitos de sua história para o cinema dois dias após sua prisão."

A versão hollywoodiana da história de Wuornos, Monster – Desejo Assassino, *premiou Charlize Theron com um Oscar por seu retrato da serial killer.*

Desistente da escola

Aileen desistiu da escola cedo, deixou sua casa e chegou às ruas. Não demorou para que ela começasse a trabalhar como prostituta. Ela tinha problemas regulares com a lei, em sua maioria ofensas relacionadas à ingestão de bebida alcoólica. Um rápido casamento foi anulado após seu marido, idoso, pedir um mandado. Ela então foi condenada a um ano de prisão após uma tentativa cômica de assalto durante a qual vestia um biquíni. Em 1986, ela conheceu a lésbica Tyria Moore, que se tornou o amor de sua vida. Aileen e Tyria estabeleceram residência juntas, vivendo à custa da prostituição de Aileen. Aileen se tornou notoriamente uma pessoa hostil, envolvida com frequência em brigas e sempre em posse de uma arma. Em seus esforços para manter Tyria feliz, ela suplementava sua renda com roubos, principalmente de seus clientes. Em novembro de 1989, Aileen Wuornos deu um grande passo além, em direção ao assassinato.

Sua primeira vítima foi Richard Mallory, um eletricista de 51 anos cujos interesses principais eram sexo pago e bebida. Wuornos alegou mais tarde que matou Mallory por legítima defesa, para que não fosse estuprada. Enquanto ela prosseguiu alegando isso para todos seus assassinatos, nesse caso deve ter havido alguma verdade, visto que mais tarde foi descoberto que Mallory tinha uma condenação por estupro.

O corpo de Mallory foi encontrado na mata próxima a Daytona Beach, em 13 de dezembro, com um tiro de calibre 22. Em junho de 1990, outro corpo foi encontrado em um bosque na Flórida, novamente com um tiro de calibre 22 e, dessa vez, nu. O cadáver foi identificado uma semana depois como sendo de David Spears. Àquela altura, outra vítima foi encontrada, Charles Carskaddon. Novamente, ele havia levado um tiro de calibre 22 e, assim como Spears, havia sido visto viajando na principal rodovia da Flórida, a I-75.

A vítima seguinte foi Peter Siems, visto pela última vez em 7 de junho, viajando para visitar parentes. Seu carro foi encontrado um mês depois, abandonado por duas mulheres cujas descrições correspondiam aproximadamente com Wuornos e Moore.

As quinta, sexta e sétima vítimas se sucederam em agosto, setembro e novembro de 1990. Todas receberam tiros de uma arma calibre 22. A polícia estava relutante em admitir que um serial killer estava à solta, mas eles finalmente concordaram em divulgar o retrato falado das mulheres que haviam abandonado o carro de Peter Siems.

Pouco tempo depois, surgiram relatos de que as duas

mulheres poderiam ser Aileen Wuornos e Tyria Moore. A polícia prendeu Wuornos em um bar de motociclistas na Flórida, em 9 de janeiro de 1991. Eles então encontraram Moore na casa de sua irmã, na Filadélfia. Para se salvar, Moore ajudou a polícia a extrair a confissão de Wuornos. A manobra funcionou. Para que Moore não fosse acusada de assassinato, Wuornos confessou seis dos assassinatos, porém não confessou ter matado Peter Siems, cujo corpo não havia sido encontrado até então.

Circo da mídia

A essa altura, o furor da mídia começou. Cineastas e jornalistas disputavam os direitos para contar a história de Wuornos. Alguns a retrataram como monstro, outros a apresentaram como vítima. A verdade sobre essa questão parece ser a de que Wuornos era uma mulher brutalizada por uma vida miserável, mas os assassinatos cometidos por ela foram motivados por raiva e não por legítima defesa, como afirmava.

O veredito do júri foi, certamente, condená-la à morte em 27 de janeiro de 1992. Wuornos passou os dez anos seguintes no corredor da morte enquanto defensores tentavam fazer com que sua pena de morte fosse rescindida. Contudo, no final, a própria Wuornos pediu para que a pena de morte fosse conduzida. Ela foi executada com injeção letal em 9 de outubro de 2002.

Assassinos Maníacos

Os serial killers frequentemente parecem ser guiados por forças além de seu controle, forçados a cometer crimes em um modo que eles próprios não compreendem. Porém, seus métodos variam bastante. Alguns serial killers são fanaticamente precisos e obstinados em suas tentativas de continuarem escondidos. Eles são às vezes referidos como assassinos organizados e o que os faz tão aterrorizantes é que, por muitos anos, eles continuam impunes por seus assassinatos, literalmente. Outros assassinos, porém, são o oposto. Esses são os assassinos desorganizados: sua avidez assassina é tão exaltada que eles correm riscos enormes e são completamente negligentes com as evidências. Esses são os assassinos maníacos, frenéticos por carnificina, e o que os faz aterrorizantes é a pura selvageria de suas ações, o senso de que com eles a humanidade foi reduzida ao nível do bestial.

A exata natureza dos assassinos desorganizados, com sua tendência em deixar pistas para trás, significa que eles são frequentemente pegos com relativa rapidez. Os exemplos mais extremos tendem a vir de países acometidos pela pobreza cujos recursos para aplicação da lei, a fim de rastrear um criminoso, são escassos, particularmente se, a exemplo do sul-americano Pedro Lopez, o assassino se especializa em escolher vítimas pertencentes às parcelas mais marginalizadas da sociedade.

No entanto, não há razões para condescendência em países ricos. Richard Ramirez matou dezenas de pessoas em Los Angeles e São Francisco, apesar de ser completamente caótico em seus ataques. É um pensamento sensato que às vezes a desorganização de um assassino faz seus movimentos tão difíceis de serem previstos, e o que faz do assassino, apesar de insano, tão difícil de ser pego.

Adolfo Constanzo

Um dos mais apavorantes assassinos dos tempos modernos pertencentes a uma seita foi Adolfo Constanzo. A especialidade de Constanzo era torturar ritualmente e matar suas vítimas: ele removia seus corações e cérebros, os cozinhava e comia. De acordo com a lógica deturpada de Constanzo, esse ritual de matança – derivado de práticas religiosas de Santeria e Vodu que sua mãe o ensinou quando criança – visava assegurar a ele sucesso em sua carreira como traficante de drogas. Quando isso aconteceu, ele de fato prosperou por alguns anos e se tornou um homem rico, mas no final ele conheceu seu destino de maneira tão violenta quanto suas vítimas infelizes.

Objetos usados na prática de rituais de Vodu e Santeria – observe os crânios humanos.

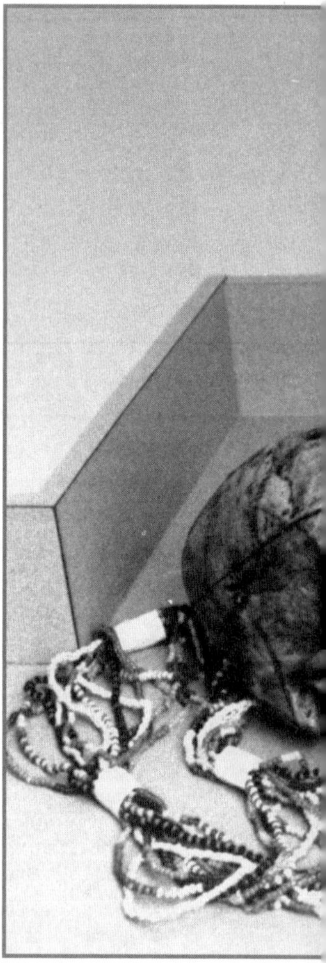

Constanzo e sua "alta sacerdotisa", Sara Aldrete.

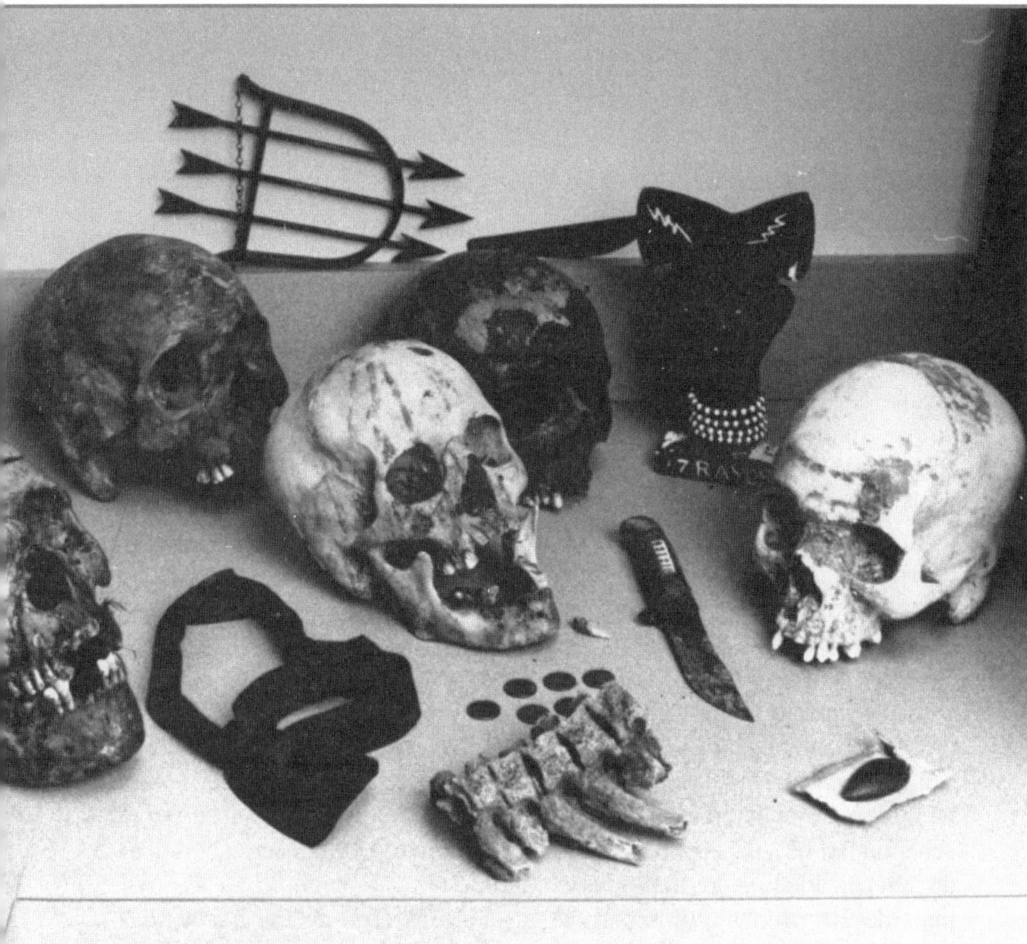

Aprendiz de feiticeiro

Adolfo de Jesus Constanzo nasceu em 1962, filho de uma mãe adolescente cubana, e cresceu em Porto Rico e Miami. Quando criança, ele serviu como coroinha na Igreja Católica e também acompanhou sua mãe em viagens ao Haiti para aprender sobre Vodu. Durante a adolescência, ele se tornou aprendiz de um feiticeiro local e começou a praticar a religião africana oculta de Palo Mayombe, que envolve sacrifícios de animais. Mais tarde, quando adulto, ele se mudou para a Cidade do México e conheceu os homens que se tornaram seus primeiros seguidores: Martin Quintana, Jorge Montes e Omar Orea. Ele organizou um *ménage à trois* homossexual com

Quintana e Orea (chamando um deles de seu "homem" e o outro, sua "mulher") e começou a administrar um lucrativo negócio de lançamento de feitiços para trazer boa sorte, que envolvia caros rituais de sacrifícios de galinhas, bodes, cobras, zebras e até filhotes de leões. Muitos de seus clientes eram ricos traficantes de drogas e assassinos de aluguel que gostavam da violência dos espetáculos "mágicos" de Constanzo. Ele também atraiu outros membros ricos da sociedade mexicana, incluindo muitos policiais corruptos do alto escalão, que apresentaram a ele os poderosos cartéis de drogas.

Dessa vez, Constanzo começou a invadir cemitérios em busca de ossos humanos para colocar em seu *nganga* ou caldeirão, mas ele não parou aí: pouco tempo depois, seres humanos vivos estavam sendo sacrificados. Acredita-se que mais de 20 vítimas, cujos corpos mutilados foram encontrados na Cidade do México e arredores, encontraram seu fim dessa maneira. Constanzo começou a acreditar que seus feitiços eram responsáveis pelo sucesso dos cartéis e exigiu se tornar sócio de uma das mais poderosas famílias que ele conhecia, os Calzadas. Quando sua exigência foi negada, sete membros da família desapareceram; seus corpos foram mais tarde encontrados sem dedos das mãos e dos pés, orelhas, cérebros e até – em um caso – a coluna vertebral.

Não é de surpreender que as relações com os Calzadas rapidamente esfriaram, então Constanzo fez amizade com um novo cartel, os irmãos Hernandez. Ele também iniciou um relacionamento com uma jovem chamada Sara Aldrete, que se tornou a alta sacerdotisa da crença. Em 1988, ele se mudou para o Rancho Santa Elena, uma casa no deserto onde ele realizava assassinatos rituais ainda mais sádicos, às vezes de estranhos e às vezes – matando dois coelhos com uma cajadada só – de traficantes de drogas rivais. Ele também usava o rancho para armazenar grandes carregamentos de cocaína e maconha.

No entanto, em 13 de março de 1989, ele cometeu um erro fatal. Procurando carne fresca para colocar na panela, seu seguidor raptou um estudante, Mark Kilroy, do lado externo de um bar mexicano e o levou para o rancho. Lá, Constanzo o assassinou brutalmente. Dessa vez, porém, a vítima não era um traficante de drogas, um trapaceiro insignificante ou um camponês local; ele era um jovem pertencente a uma respeitável família texana que estava determinada a levar o assassino de seu filho à justiça.

Sob pressão dos políticos do Texas, a polícia inicialmente prendeu quatro dos seguidores

> "Eles interrogaram os homens, descobrindo histórias assustadoras de mágica oculta e sacrifícios humanos em rituais."

de Constanzo, incluindo dois dos irmãos Hernandez. Eles interrogaram os homens, descobrindo histórias assustadoras de mágica oculta e sacrifícios humanos em rituais. Os oficiais então fizeram uma busca no rancho, descobrindo o caldeirão de Constanzo, que continha vários itens, como um gato preto morto e um cérebro humano. Quinze cadáveres mutilados foram desenterrados no rancho, um deles pertencente a Mark Kilroy.

Pacto mortal

Enquanto isso, Constanzo fugiu para a Cidade do México. Ele foi apenas descoberto quando a polícia foi chamada em seu apartamento por causa de uma discussão que ocorria lá. Com a aproximação dos policiais, Constanzo abriu fogo com uma metralhadora, mas ele logo percebeu que estava cercado. Ele entregou a arma para um seguidor, Alvaro de Leon, matador profissional, e ordenou que abrisse fogo contra ele e seu amante, Martin Quintana. Quando a polícia chegou ao apartamento, Constanzo e Quintana estavam mortos, em um invólucro macabro. De Leon, conhecido como "El Duby", e Sara Aldrete, a companhia feminina de Constanzo, foram presos imediatamente.

Um total de 14 membros da seita foi acusado de uma variedade de crimes, de assassinato e tráfico de drogas até interceptação do curso da justiça. Sara Aldrete, Elio Hernandez e Serafin Hernandez foram acusados de múltiplos assassinatos e condenados a mais de 60 anos de prisão cada. El Duby recebeu uma pena de 30 anos. O reinado de Adolfo de Jesus Constanzo, feiticeiro da alta sociedade e assassino maníaco, chegou ao fim.

Leonard Lake e Charles Ng

Como indivíduos, Leonard Lake e Charles Ng eram personagens desagradáveis. Juntos eles eram uma combinação mortal. No espaço de pouco mais de um ano, eles mataram, torturaram e estupraram pelo menos 12, até aproximadamente 25 pessoas, incluindo homens, mulheres e dois bebês. Os homens foram mortos principalmente por dinheiro; as mulheres, por prazer sexual; e os bebês simplesmente por estarem no caminho.

Interesse por armas

Leonard Lake era um *hippie* gordo e velho, obcecado por sobrevivencialismo. Charles Ng era um jovem ex-oficial da marinha de Hong Kong, viciado em roubo. O que uniu ambos foi, inicialmente, o interesse por armas.

A escravidão sexual de mulheres foi por muito tempo uma fantasia do mais velho dos dois homens, Leonard Lake. Lake nasceu em São Francisco, em 20 de julho de 1946. Seus pais, de acordo com o senso comum, tinham um relacionamento ruim e, quando Lake tinha seis anos, sua mãe o abandonou, deixando-o com sua avó. Quando criança, Lake colecionava camundongos e gostava de matá-los, dissolvendo-os em produtos químicos (uma técnica que ele usaria mais tarde para ajudar a liquidar suas vítimas humanas). Na adolescência, ele abusou sexualmente de suas irmãs.

Aos 18 anos, Lake ingressou na Marinha norte-americana e ocupou a posição de sargento. Ele serviu por duas viagens no Vietnã como operador de radar. Após um período em Da Nang, ele teve um colapso, sofrendo delírios, e foi enviado de volta para casa antes de ser demitido em 1971. Ele já era casado nessa época, mas sua esposa o deixou por ser violento e sexualmente pervertido.

Lake passou a integrar o estilo de vida *hippie* nos arredores de São Francisco. Ele também se tornou cada vez mais obcecado pela ideia de impedir uma devastação nuclear e por oito anos viveu em uma comunidade *hippie* perto de Ukiah, no norte da Califórnia. Lá ele conheceu uma mulher, Claralyn Balazs, ou "Cricket", como ele a apelidou. Quando se conheceram, essa auxiliar de professora de 25 anos se tornou profundamente envolvida com as fantasias de Lake. Ela atuava nos vídeos pornográficos que ele passou a produzir, a

Leonard Lake – masmorra sob medida na floresta.

mais nova manifestação de sua obsessão sexual. Sua outra obsessão era relacionada a armas – parte de sua paranoia sobrevivencialista – e por meio de um anúncio em uma revista, publicado em 1981, ele conheceu Charles Ng.

Incendiário

Nascido em Hong Kong, Ng, ou "Charlie", como Lake o chamava, era uma criança bagunceira, obcecada por artes marciais e fogos de artifício. Seus pais o enviaram

Charles Ng – o roubo à loja foi sua ruína.

para uma escola particular inglesa na tentativa de discipliná-lo, mas ele foi expulso por roubo. Em seguida, ele foi para a Califórnia, onde frequentou a faculdade durante apenas um semestre antes de abandoná-la. Logo em seguida estava envolvido em uma batida de carro sem prestação de socorro e, para evitar as consequências, ele se alistou na Marinha, alegando de maneira fraudulenta ser cidadão norte-americano. Foi nesse período que ele conheceu Lake. Eles criaram um plano para vender as armas que Ng furtaria do arsenal da

Marinha. No entando, Ng foi pego roubando as armas e foi condenado a três anos de prisão.

Quando foi solto, em 1985, ele imediatamente contatou Lake, que o convidou para visitar sua nova casa, uma afastada cabana próxima de Wilseyville, Califórnia, que ele estava alugando dos Balazs. Ele havia construído uma masmorra sob medida perto da cabana, pronta para quando seu amigo Charlie aparecesse e se divertisse. Acredita-se que naquela altura Lake já havia assassinado seu irmão Donald e seu amigo e padrinho de casamento Charles Gunnar, a fim de roubar seu dinheiro e, no caso de Gunnar, sua identidade.

Durante o ano seguinte, Lake e Ng se satisfizeram em uma onda de assassinatos, estupros e tortura. Suas vítimas incluíram seus vizinhos rurais Lonnie Bond, sua namorada Brenda O'Connor e o bebê do casal, Lonnie Jr.; e outra jovem família, Harvey e Deborah Dubs e seu jovem filho Sean. Em ambos os casos, os homens e os bebês foram mortos rapidamente, enquanto as mulheres foram mantidas vivas pelo esporte pervertido de Ng e Lake. Eles estupraram e torturaram as mulheres – Lake filmou toda a situação abominável – antes de matá-las. Outras vítimas incluíram as colegas de trabalho de Ng, parentes e amigos que procuravam por Bond e O'Connor e dois homens gays.

Sua carreira do mal poderia ter durado ainda mais se não fosse pelo vício de Ng em roubar. Em 2 de junho de 1985, Ng foi identificado furtando um torno de bancada em uma loja de ferragens em São Francisco, provavelmente para uso como ferramenta de tortura. Ng fugiu da cena. Lake então apareceu e tentou pagar pelo equipamento. A essa altura, a polícia havia chegado. O oficial Daniel Wright descobriu que as placas do carro de Lake estavam registradas em outro veículo, e que a identidade de Lake, em nome de Scott Stapley, era suspeita. Quando Wright encontrou uma arma com silenciador no porta-malas do carro, ele prendeu Lake. Uma vez sob custódia, Lake solicitou uma caneta, papel e um copo de água. Ele então escreveu um recado a Balazs e rapidamente ingeriu as pílulas de cianureto que ele havia costurado às suas roupas. Após revelar sua verdadeira identidade e a de Ng, ele teve convulsões por causa do envenenamento por cianureto e morreu quatro dias depois.

Quilos de ossos

Investigações detalhadas logo levaram a polícia ao rancho Wilseyville. Ng não estava em lugar algum que pudesse ser visto. Porém, eles encontraram o caminhão de Scott Stapley e o carro de Lonnie Bond lá e, atrás da

> "Você pode chorar e tudo o mais, como o resto deles, mas isso não vai adiantar. Nós somos bons – ha, ha – insensíveis, por assim dizer."

cabana, encontraram a masmorra. Os policiais notaram um pé humano surgindo através da terra e prosseguiram no desenterro de 18 quilos de fragmentos de ossos humanos queimados e despedaçados, pertencentes a pelo menos 12 corpos. (Depois de um mês ou pouco mais, a menos de dois quilômetros, foram encontrados os corpos de Scott Stapley e Lonnie Bond, abarrotados dentro de sacos de dormir e enterrados.) Eles também se depararam com um mapa do "tesouro" feito a mão que os levou até dois baldes enterrados. Um deles continha envelopes com os nomes e as identidades das vítimas, sugerindo que o número de corpos poderia ser em torno de 25. No outro balde, a polícia encontrou diários escritos com a caligrafia de Lake, entre 1983 e 1984, e duas fitas de vídeo que mostravam a terrível tortura de duas de suas vítimas. Se havia alguma dúvida de que o foragido Ng estava tão envolvido quanto Lake, isso foi descartado por meio das fitas, que mostravam Ng ao lado de Lake, dizendo até a uma das vítimas, Brenda O'Connor: "Você pode chorar e tudo o mais, como o resto deles, mas isso não vai adiantar. Nós somos bons – ha, ha – insensíveis, por assim dizer".

Enquanto isso, Ng estava em fuga. Ele havia ido para Detroit e cruzado a fronteira até o Canadá, onde foi finalmente preso. Na prisão canadense, ele iniciou uma batalha épica contra a extradição de volta aos Estados Unidos, pelo fato de que no Canadá não há pena de morte; portanto, enviá-lo de volta aos Estados Unidos seria uma violação de seus direitos humanos. Ainda não era o ano de 1991 quando ele finalmente perdeu a batalha e foi deportado de volta aos Estados Unidos. Contudo, esse não foi o final da história. Ele conseguiu prolongar o processo pré-julgamento por mais sete anos, cujo custo astronômico para o estado foi de 10 milhões de dólares. Finalmente, em maio de 1999, 15 anos após os crimes, Ng foi acusado de assassinato e condenado à morte. Ng apelou contra o veredito, algo que não surpreendeu ninguém.

Pedro Lopez

Acredita-se que Pedro Lopez, o "Monstro dos Andes", tenha sido o mais produtivo serial killer dos tempos modernos. Se sua própria estimativa não verificada de 300 vítimas é para ser levada a sério, então apenas Harold Shipman pode competir com ele em relação ao número total de vítimas levadas a um fim prematuro.

Vida na rua

Pedro Lopez nasceu em Tolina, Colômbia, em 1949, sétimo do décimo terceiro filho de uma prostituta. Em qualquer época esse poderia ser um difícil começo de vida, mas em 1949 a Colômbia enfrentava o que se tornou conhecida como "La Violencia", um período de brutal ilegalidade e guerra civil. A mãe de Pedro era uma figura tirânica, mas ele percebeu desde cedo que era melhor ter uma vida doméstica nas ruas. Quando Pedro tinha oito anos, porém, ele se descobriu de verdade. Sua mãe o viu assediando sexualmente uma irmã mais nova e se livrou dele.

A primeira pessoa a acolhê-lo posava como boa samaritana, mas vinha a ser um pedófilo que estuprou Pedro repetidas vezes, antes de largá-lo de volta às ruas. Completamente traumatizado, o garoto se tornou selvagem, um ser noturno, escondendo-se em construções e surgindo durante a noite para revirar o lixo em busca de alimento.

Ele suportou essa vida durante um ano, finalmente terminando na cidade de Bogotá, onde um casal norte-americano o viu mendigando nas ruas, sentiu pena e o levou. Eles deram ao garoto

Cansado de ser uma vítima, Lopez se tornou um monstro – um dos mais produtivos serial killers de todos os tempos.

um quarto e comida, e o enviou a uma escola local para órfãos. Essa sorte não durou, no entanto. Aos 12 anos, Pedro fugiu da escola após invadir o escritório e roubar dinheiro. Ele mais tarde afirmou ter feito isso em resposta a um professor da escola que o assediou sexualmente.

Estupro na prisão

Seja qual for o motivo, Pedro Lopez logo estava de volta às ruas mais uma vez. La Violencia havia terminado e os tempos estavam um pouco mais fáceis. Ele estava apto a sobreviver com um misto de mendicidade e pequenos roubos, fortalecendo-se, na metade de sua adolescência, e especializando-se em roubo de carros. Aos 18 anos, ele foi finalmente preso e condenado a sete anos de pena. Tendo cumprido apenas dois dias, ele foi estuprado por quatro de seus colegas internos. Lopez, no entanto, estava cansado de ser uma vítima; ele fabricou uma faca caseira e nas semanas seguintes conseguiu matar três de seus agressores. As autoridades prisionais, pouco empenhados no bem-estar dos internos, adicionaram meros dois anos à sua sentença.

Quando foi solto, em 1978, Lopez era um indivíduo muito irado e perigoso, com um rancor maior em relação à sociedade em geral, e às mulheres, em particular – ele culpava sua mãe por tudo ter dado errado em sua vida. Em sua soltura, ele passou a adotar uma forma perversa de vingança e embarcou em um alvoroço de assassinatos que durou dois anos. Seus alvos eram, invariavelmente, garotas jovens, a maioria de tribos indígenas, visto que ele sabia que as autoridades não se interessariam por seu destino em particular. Ele não se limitou à Colômbia; sua diversão assassina seguiu pelo sul dos Andes até o Peru e o Equador. Apenas no Peru ele calculou ter matado cerca de cem garotas antes de ser capturado por índios Ayachuco, enquanto tentava sequestrar uma garota de nove anos. Eles estavam prestes a enterrá-lo vivo quando um missionário norte-americano interveio e os convenceu a entregar Lopez às autoridades, que simplesmente o deportaram para além da fronteira do Equador e o deixaram ir embora.

Pego

Durante o ano seguinte ou mais, Pedro Lopez se moveu para trás e além do Equador e da Colômbia, matando com aparente impunidade. As autoridades de fato perceberam um aumento de garotas desaparecidas, mas geralmente responsabilizavam os comerciantes de escravos por isso. Então, em abril de 1980, houve uma enchente na cidade equatoriana de Ambato e os corpos de quatro crianças desaparecidas foram arrastados. Alguns dias depois, ainda em Ambato, uma mulher chamada Carvina Poveda viu Lopez tentando sequestrar sua filha de 12 anos. Ela pediu ajuda, Lopez foi rendido e entregue à polícia.

Lopez começou a dar sua confissão a um padre da prisão. Após um dia de uma confissão medonha, o padre pediu para ser dispensado, pois não suportava mais ouvir. O padre disse aos interrogadores o que ele havia escutado; eles apresentaram novas evidências a Lopez e ele começou a confissão.

Assassinato à luz do dia

Ele disse aos interrogadores que havia assassinado cem garotas na Colômbia, pelo menos 110 no Equador, e muito mais no Peru. Ele expressou um entusiasmo particular pelas garotas equatorianas, que ele afirmou serem muito mais inocentes e crédulas do que as colombianas, assim como a preferência por assassinar à luz do dia, de modo que ele pudesse ver a vida de suas vítimas acabando em seus olhos, quando ele as estrangulava.

A princípio a polícia não tinha certeza se tudo isso não passava de delírios de um homem insano. Como preferia ser considerado um monstro e não um mentiroso, Lopez disse que os mostraria os locais de enterro. Foram colocados neles grilhões, depois permitiram que ele levasse a polícia a um local fora de Ambato, onde eles encontraram os restos mortais de 53 garotas. A polícia havia visto mais do que o suficiente para se convencer de que Pedro Lopez era, de fato, o monstro que ele afirmava ser.

Confissões mais detalhadas permitiram que os promotores de justiça acusassem Lopez de 110 assassinatos no Equador. Ele foi devidamente condenado à prisão perpétua. No caso improvável de ser solto, ele seria obrigado a ir a julgamento na Colômbia, onde ele poderia se deparar com a pena de morte. Atualmente Lopez não parece sentir qualquer remorso; ao contrário, ele parece orgulhoso de seus crimes: "Eu sou o homem do século" – disse em uma entrevista recente concedida de sua cela na prisão.

"Após um dia de uma confissão medonha, o padre pediu para ser dispensado, pois não suportava mais ouvir."

Richard Ramirez

Richard Ramirez, o "Caçador da Noite", era um pesadelo em forma de pessoa: o bicho-papão que desliza através das janelas no meio da noite para roubar, estuprar e assassinar. Durante o verão de 1985, ele fez o povo de Los Angeles viver em terror, pois matou mais de uma dúzia de vezes, antes que uma mistura do bom trabalho da polícia e sorte finalmente o capturou.

Valores familiares

Ramirez nasceu em 28 de fevereiro de 1960, em El Paso, a cidade localizada no lado direito da fronteira oeste do Texas. Ele era o mais novo de sete filhos dos imigrantes mexicanos Julian e Mercedes Ramirez. Era um lar católico rigoroso, e Julian Ramirez um pai genioso e fisicamente agressivo. Richard se tornou cada vez mais solitário e inamistoso na escola, e na adolescência começou a passar o tempo com seu tio Mike (Miguel).

Mike havia servido no Vietnã e ele adorava contar ao sobrinho sobre suas proezas – em particular a respeito de todas as mulheres que havia estuprado lá. Ele supostamente mostrava a Richard fotos de seus crimes de guerra, inclusive aquelas em que ele aparecia primeiro estuprando uma garota vietnamita e depois mostrando sua cabeça decapitada. Ainda pior, Richard, aos 15 anos de idade, estava presente quando Mike atirou no rosto de sua esposa, matando-a.

Isso obviamente teve uma influência fundamental na vida de Ramirez. Ele desistiu da escola aos 17 anos e se dedicava ao consumo de grandes quantidades de maconha e a ouvir *heavy metal*. Ele matava o tempo em El Paso, às vezes vivendo com sua irmã Ruth e se envolvendo em pequenos crimes. Ele se alimentava de *junk food** e refrigerantes a tal ponto que seus dentes apodreceram e seu hálito se tornou desagradável.

Primeiro assassinato

Próximo da virada da década ele se mudou do Texas, primeiro para São Francisco e depois para Los Angeles. Lá, ele trocou sua droga de escolha de maconha para cocaína, começou a ouvir obsessivamente a música da banda AC/DC – em particular uma canção chamada *The Night Prowler*

*N.T.: Expressão em inglês atribuída a alimentos com alto teor calórico e poucos nutrientes.

– e passou a roubar carros para sobreviver. Durante o ano seguinte ele cumpriu duas sentenças curtas por roubo de carro. Ao deixar a prisão, após a segunda sentença, cometeu seu primeiro assassinato.

A vítima foi uma mulher de 79 anos chamada Jennie Vicow. Em 28 de junho de 1984, ela dormia em seu apartamento no subúrbio de Los Angeles quando Ramirez interrompeu. Ele abusou sexualmente dela, a esfaqueou até a morte e roubou suas joias.

Passaram-se nove meses até que ele matasse novamente. Dessa vez, ele atacou uma jovem chamada Maria Hernandez, quando ela entrava em seu apartamento. Ele estava armado e a usou para atirar em Hernandez, mas, miraculosamente, a bala foi desviada por suas chaves e a vítima foi simplesmente derrubada. Ela então se fez de morta enquanto ele chutava seu corpo de bruços. Ramirez obviamente não estava satisfeito e então entrou no apartamento, onde encontrou a colega de quarto, Dayle Okazaki, e atirou nela, matando-a.

Frenesi

Esse assassinato ainda não satisfez seu desejo perverso e na mesma noite Ramirez encontrou outra vítima, Tsa Lian Yu, arrancada de seu carro na região de Monterey Park por Ramirez, que atirou diversas vezes. Ela morreu no hospital no dia seguinte.

Apenas três dias depois, Ramirez atacou novamente – dessa vez abusando sexualmente, mas não matando, uma garota de oito anos. Uma semana depois, ele atacou um casal, Vincent e Maxine Zazzara. Ele assassinou ambos e removeu os olhos de Maxine como um troféu. Esse duplo assassinato claramente teve uma emoção diferente para Ramirez, pois, a partir de então, a maioria de seus ataques eram a casais.

Seis semanas depois, em 14 de maio de 1985, Ramirez atacou outro casal. Ele começou atirando na cabeça de William Doi, de 65 anos, e então espancou e estuprou sua esposa. No entanto, Doi teve força o suficiente para alcançar o telefone e ligar para a emergência antes de morrer, uma ação que pode ter salvo a vida de sua esposa, visto que Ramirez fugiu do prédio rapidamente.

Após duas semanas, Ramirez mudou um pouco sua rotina. Sua vítima seguinte foi Carol Kyle, de 42 anos, que ele estuprou depois de amordaçar seu filho de 11 anos e prendê-lo em um armário da cozinha. Ambos sobreviveram, no entanto, e Carol Kyle pôde dar à polícia uma boa descrição do agressor.

A sede por sangue de Ramirez alcançava então o clímax. Ele agiu novamente no dia seguinte, atacando duas irmãs de cerca de 80 anos, Mabel Bell e Florence Lang. Ele as bateu com um martelo e depois desenhou pentagramas no corpo de Bell e em todo o apartamento delas. Elas foram encontradas no dia seguinte: Mabel estava morta; Florence sobreviveu aos ferimentos.

Sua vítima seguinte, três semanas depois, foi Patty Higgins, de 29 anos, cuja garganta foi cortada por ele. Dez dias depois foram feitos outros quatro ataques: duas vítimas mais velhas morreram, enquanto duas jovens sobreviveram.

Então, o alvoroço final começou. Em uma noite terrível, ele matou três vezes e deixou outras duas vítimas traumatizadas. As duas primeiras vítimas eram um casal de cerca de 60 anos, Max e Lela Kneiding, ambos mortos com tiros. Na mesma noite ele arrombou uma casa na região de Sun Valley, onde atirou em Chainarong Khovanath, matando-o enquanto dormia – antes de estuprar e espancar sua esposa Somkind, e depois de amarrá-la, enquanto estuprava seu filho de oito anos.

Caçador da noite

A essa altura a polícia ainda detestava admitir que um serial killer estivesse à solta. No entanto, quando, em 6 de agosto, Ramirez atirou em um casal em sua casa, sem matá-los, passaram-se dois dias até que ele atacasse outro casal, dessa vez matando o marido e estuprando a esposa. Estava claro que eles teriam de agir. Uma força-tarefa do Caçador da Noite foi estabelecida e a imprensa divulgou essa nova ameaça à comunidade. A reação de Ramirez foi deixar a cidade rapidamente, voltando para São Francisco, onde ele atacou suas próximas vítimas, um homem chamado improvavelmente Peter Pan e sua esposa, novamente matando o homem e estuprando a esposa, e mais uma vez deixando símbolos satânicos no local.

Ele então foi para Los Angeles, e na última semana de agosto, atacou pela última vez. Novamente ele atacou um casal. Felizmente, o homem de 29 anos, William Carns, sobreviveu, apesar de ter levado três tiros. Sua parceira, Renata Gunther, que havia sido estuprada e forçada a repetir após Ramirez as palavras "Eu amo Satanás", ainda estava viva o suficiente para reconhecer o carro que ele dirigia – uma perua Toyota. Outro morador local também viu o carro e anotou o número das placas.

Logo em seguida, a polícia encontrou o carro abandonado; eles estavam com sorte e conseguiram encontrar uma impressão digital no lado esquerdo do veículo. Por acaso, o banco de dados de impressões digitais em Sacramento tinha sido atualizado e conectado ao computador apenas alguns dias antes. Houve uma combinação instantânea: a impressão digital identificou o criminoso mesquinho Richard Ramirez.

No dia seguinte, a foto de Ramirez estava na primeira página de todos os jornais de Los Angeles. Ramirez apenas descobriu isso quando entrava em uma farmácia no leste de Los Angeles e viu os clientes encarando-o. Ele saiu da loja e tentou roubar um carro. Foi rapidamente detido por habitantes locais furiosos, e a polícia chegou a tempo de evitar que fosse linchado.

No interrogatório, Ramirez estava pronto para confessar tudo, de acordo com boatos, mas foi convencido por sua defesa a não se declarar culpado. Apesar disso, ele adotou uma postura agressiva durante o interrogatório, exibindo aos fotógrafos um pentagrama desenhado em sua mão, e direcionando à corte comentários como "Vocês, vermes, me irritam. Eu estou além do bem e do mal". Não é de surpreender que ele tenha sido considerado culpado por 13 assassinatos e condenado à morte.

Quando ouviu o veredito, disse: "Grande coisa. A morte sempre veio com o território. Vejo vocês na Disneylândia".

Desde então Ramirez se tornou o foco de seguidores de um culto. As mulheres, no lado externo do tribunal, literalmente brigavam entre si por seus favores. Uma delas, Doreen Lioy, conseguiu até se casar com ele em outubro de 1996. O cenário foi a Penitenciária de San Quentin, onde Ramirez permanece no corredor da morte.

"Grande coisa. A morte sempre veio com o território. Vejo vocês na Disneylândia."

Assassinos Pedófilos

Durante muitos anos a pedofilia foi um tema excessivamente desagradável até mesmo para ser mencionado, era o crime cujo nome não nos atrevíamos a pronunciar. Atualmente, em tempos mais livres, reconhecemos sua existência, mas um de seus efeitos é nos amedrontar. O pedófilo se tornou o bicho-papão dos tempos modernos: ele está em algum lugar lá fora, pronto para raptar nossos filhos, estuprá-los e matá-los. Nosso medo é tamanho que às vezes pensamos estar enfrentando uma epidemia de pedofilia; felizmente, este não é o caso. O número de raptos e assassinatos de crianças permanece estável há décadas.

Dito isso, assassinos pedófilos são únicos, diferentes de todos os tipos de assassinos em série, talvez os que nos coloquem mais medo. Há algo particularmente desumano em assassinos que estupram, torturam e matam crianças inocentes, algo que como adultos consideramos, sobretudo, insuportável. Seus crimes são difíceis de esquecer e seus nomes permanecem infames: John Wayne Gacy, o palhaço assassino de Chicago; Andrei Chikatilo, o canibal da Ucrânia; Marc Dutroux, o sustentáculo de uma rede de pedofilia, que sujeitava garotinhas à fome, até morrerem.

Gacy era uma figura popular em sua vizinhança. Ele era um empreiteiro que empregava garotos adolescentes e atuava durante meio período como animador infantil. Como tal, era fácil para ele atrair garotos adolescentes até seu mundo e, uma vez que as portas eram fechadas, ele se transformava em um monstro, deleitando-se em tortura, estupro e assassinato de suas vítimas. Chikatilo e Dutroux raptavam garotas de maneira violenta, e eram tão cruéis quanto sua contraparte norte-americana. Não importa quais fossem seus métodos, é impossível contemplar as ações desses homens sem vê-los, na hierarquia dos serial killers, como os piores dos piores.

Andrei Chikatilo

Andrei Chikatilo, o "Estripador de Rostov", assassino de mais de 50 mulheres, garotas e garotos, chamou a atenção do mundo após sua prisão em 1990, logo que a União Soviética começava a se fragmentar. De fato, se ele tivesse sido pego antes, é provável que seu nome permanecesse no anonimato. A Rússia Soviética gostava de fingir que esses crimes, assim como um assassino em série, eram meros produtos do Ocidente decadente. Ainda não sabemos o grau de criminalidade durante os anos de regime comunista.

Hannibal Lecter

Chikatilo nasceu em Yablochnoye, um vilarejo no coração da zona rural da Ucrânia, em 19 de outubro de 1936. Descobriu-se que o bebê tinha hidrocefalia, que deu a ele uma cabeça disforme e, conforme revelado posteriormente, certo grau de dano cerebral. Ele também era azarado o suficiente por ter nascido durante um período de coletivização forçada por Stalin, uma época de fome extrema e sofrimento incalculável. De acordo com a mãe de Chikatilo, Andrei tinha um irmão mais velho chamado Stepan, que foi sequestrado e comido por vizinhos famintos nesse período. Não há certeza de que isso seja verdade – não há registro da existência de um Stepan Chikatilo –, mas foi uma história que certamente conseguiu traumatizar o jovem Chikatilo. (Thomas Harris mais tarde tomou emprestada essa terrível história para explicar a patologia de seu serial killer ficcional Hannibal Lecter.) Para piorar a situação, o início da infância do garoto se deu durante a Segunda Guerra Mundial, quando a miséria da região se intensificou ainda mais. Seu pai foi feito prisioneiro durante a guerra, e então levado a um campo de concentração russo em seu retorno.

Ao deixar a escola, Chikatilo se alistou no exército. Ele também se filiou ao Partido Comunista, essencial para qualquer jovem ambicioso que quisesse ser bem-sucedido na Rússia Soviética. Quando deixou o exército, ele trabalhou como engenheiro telefônico e estudou em seu tempo livre para obter um diploma universitário, que finalmente o permitiu se tornar um professor perto de sua casa, em Rostov-on Don.

"Chikatilo teve, durante toda a vida, problemas relacionados à impotência, mas ele conseguiu ter dois filhos."

Nessa mesma época ele se casou com uma mulher chamada Fayina, conseguida por sua irmã. Como mais tarde foi descoberto, Chikatilo teve, durante toda a vida, problemas relacionados à impotência, mas ele conseguiu ter dois filhos.

Falso álibi

Chikatilo parecia ter uma vida normal. Ele tinha 42 anos quando seus desejos mais obscuros começaram a se expressar, muito mais tarde do que a maioria dos serial killers. Em 1979, ele escolheu sua primeira vítima, uma garota de nove anos chamada Lenochka Zakotnova. Ele a levou a uma casa abandonada na cidade de Shakhty, tentou estuprá-la, fracassou; então, a esfaqueou até a morte e depois jogou seu corpo no Rio Grushovka. Ela foi encontrada lá na véspera de Natal. Para sorte de Chikatilo – que foi interrogado como suspeito no caso, mas sua esposa deu um falso álibi –, um conhecido estuprador local, Alexander Kravchenko, foi espancado para confessar o crime e condenado à morte.

Não obstante, evidências da verdadeira natureza de Chikatilo estavam começando a se tornar públicas e ele foi despedido de seu emprego como professor por molestar garotos no dormitório da escola. Sua associação ao partido, contudo, o colocou em boa posição, e ele logo ganhou um novo emprego de gestor de contratos itinerante em uma fábrica, em Shakhty. O emprego envolvia muitas viagens nas imediações e, portanto, oportunidades abundantes de matar. Seu método preferido era aproximar-se de suas vítimas em uma estação de trem ou ônibus e atraí-las até uma mata próxima para matá-las.

Ele começou efetivamente em 1982 com o assassinato de Larisa Tkachenko, de 17 anos, uma garota conhecida na região por trocar favores sexuais por alimentos. Chikatilo a estrangulou e encheu sua boca de lama para abafar os gritos. Mais tarde ele afirmou que seu primeiro assassinato o chateou, mas que o segundo o excitou. Em junho de 1982, ele matou sua vítima seguinte, Lyuba Biryuk, de 13 anos; removeu seus olhos, uma ação que se tornou sua marca registrada.

Selvageria crescente

Durante o ano seguinte ele matou mais seis vezes, sendo duas das vítimas jovens do sexo masculino. O que os crimes tinham em comum era a selvageria crescente e a remoção de partes do corpo, em especial os genitais. Acredita-se que Chikatilo comia as partes removidas, uma repetição do destino de seu irmão, porém ele mesmo confessou "mordiscá-las".

Esses assassinatos atraíram muito o interesse da polícia, mas a mídia soviética não era autorizada a divulgar a existência de um assassino maníaco à solta. Apenas no mês de agosto de 1984 oito vítimas foram encontradas. A única pista que a polícia tinha era que, a se julgar pelo sêmen encontrado nos corpos de algumas das vítimas mais recentes, o grupo sanguíneo do assassino era AB.

Logo em seguida, no final de 1984, Chikatilo foi preso em uma estação de trem, onde estava importunando garotas jovens. Descobriu-se que ele tinha uma faca e corda em sua mala, mas como seu tipo sanguíneo era A, e não AB, ele foi liberado. Essa discrepância nunca foi explicada.

Solto pela polícia, Chikatilo simplesmente continuou a matar. Dúzias mais de inocentes perderam suas vidas e em seu último ano de liberdade, 1990, ele matou mais nove pessoas. A essa altura

Chikatilo tinha até uma mala onde mantinha guardadas as ferramentas que o ajudavam em seus crimes monstruosos.

um novo detetive, Issa Kostoyev, havia assumido o caso.

Kostoyev pensou em uma estratégia de encher de detetives as estações de trem e de ônibus, e finalmente o plano teve êxito. Imediatamente após assassinar sua última vítima, Svetlana Korostik, de 20 anos, Chikatilo foi localizado, suando muito e aparentemente ensanguentado, em uma estação. Um detetive anotou seu nome e, quando percebeu-se que havia sido suspeito anteriormente, ele foi preso. Após dez dias de detenção ele finalmente confessou 52 assassinatos, mais do que a polícia esperava. Ele foi preso e levado a julgamento em abril de 1992.

Trancado em uma jaula para protegê-lo dos parentes de suas vítimas, Chikatilo era um louco com a cabeça raspada que esbravejava no tribunal. Considerado culpado, em 15 de fevereiro de 1994, ele foi executado com uma única bala na nuca.

Marc Dutroux

Todo serial killer deixa um rastro de destruição, não apenas de vítimas cujas vidas são destruídas, mas também de toda a rede de famílias, amigos e entes queridos. No caso do serial killer belga Marc Dutroux, porém, a devastação causada teve ainda mais repercussão. Seus crimes traumatizaram toda a nação, provocou as maiores demonstrações jamais vistas no país e também a renúncia de vários ministros. Dutroux não era apenas pedófilo e assassino, mas era ligado a uma rede de pedofilia que incluía muitas pessoas em posições de autoridade.

Garoto de programa

Marc Dutroux nasceu em Bruxelas, capital da Bélgica, em 6 de novembro de 1956. Ele era o mais velho dos seis filhos de Victor e Jeanine Dutroux. Ambos eram professores; Marc mais tarde disse que eles o batiam com frequência. Porém, as afirmações de Dutroux sobre isso ou qualquer outra questão deveriam ser consideradas com extrema cautela. O que sabemos é que o casal se separou em 1971, quando Dutroux tinha 15 anos. Logo em seguida ele deixou sua casa, dedicou-se aos pequenos delitos e, de acordo com alguns relatos da imprensa, tornou-se garoto de programa.

Quando tinha 20 anos, Dutroux encontrou uma posição como eletricista. Ele havia se casado com sua primeira esposa e tido dois filhos, antes de ela se divorciar dele sob alegação de infidelidade e violência. Uma das mulheres com quem ele havia tido uma relação extraconjugal era Michele Martin, que mais tarde se tornou sua segunda esposa. Ela evidentemente dividia com ele predileções sexuais obscuras.

> "Quando saiu da prisão, ele construiu uma masmorra sob uma casa, uma das várias compradas com seus ganhos criminosos."

Em 1989, o casal foi acusado de abuso de criança e do rapto de cinco garotas para Dutroux estuprar. Dutroux foi condenado a 13 anos de prisão, mas foi solto por bom comportamento após cumprir apenas três anos. Isso ocorreu apesar das cartas da mãe de Dutroux enviadas às autoridades prisionais para dizer que, durante as saídas supervisionadas da prisão para visitar sua avó, Dutroux havia aterrorizado a velha senhora a fazer um inventário de seus bens. As autoridades prisionais nunca responderam às cartas de Madame Dutroux.

Antes de ir para a prisão, Dutroux havia se envolvido em vários negócios criminosos, de assaltos a tráfico de drogas. Quando solto, ele não se esforçou para encontrar trabalho; ao contrário, a primeira coisa que fez foi construir uma masmorra sob uma casa, na cidade de Charleroi, uma das várias casas compradas com seus ganhos criminosos. A masmorra era para ser usada não apenas para abusos infantis, mas também para filmá-los; os vídeos seriam vendidos a uma rede de pedofilia que pagaria vastas somas de dinheiro por esse tipo de material.

A exemplo de muitos serial killers, é possível que Dutroux seja culpado por muitos mais crimes do que nós tenhamos ciência. Parece improvável que sua masmorra fosse inutilizada durante três anos. No entanto, a primeira atrocidade que conhecemos ocorreu em 24 de junho de 1995, quando duas garotas de oito anos, Julie Lejeune e Melissa Russo, foram raptadas próximo de suas casas, em Liege, Bélgica. Elas foram levadas à masmorra de Dutroux, onde foram mantidas como brinquedos sexuais e quase certamente abusadas pelos membros da rede de pedofilia.

Dois meses depois, Dutroux e um cúmplice, Bernard Weinstein, raptaram duas adolescentes, An Marchal e Eefje Lambreks, na cidade litorânea de Ostend. Elas foram levadas à casa de Weinstein e estupradas pelos dois homens. A certa altura ambas foram mortas e depois, por razões desconhecidas, Dutroux também matou Weinstein. Ele enterrou os três corpos sob uma choupana no jardim.

Morrendo de fome

Enquanto isso, as duas crianças ainda estavam vivas na masmorra em Charleroi. A polícia recebeu uma denúncia anônima sobre Dutroux e foi chamada à casa; porém, durante a busca, falharam por não perceber a masmorra, apesar de terem sido informados especificamente de sua existência. Então, em dezembro de 1995, Dutroux foi condenado a quatro meses de prisão por roubo de carro. Quando foi para a prisão, pediu para que Michele Martin alimentasse as duas garotas. De maneira quase inacreditável, ela falhou. Embora visitasse a casa regularmente para alimentar os cães de Dutroux, ela afirmou estar muito amedrontada para descer ao porão e alimentar as garotas. Elas morreram de fome.

Quando Dutroux saiu da prisão, ele encontrou os corpos, colocou-os em um *freezer* por um período e depois os enterrou no jardim de outra casa de sua propriedade, em Sars-la-Buissiere. Em 28 de maio, ele sequestrou Sabine Dardenne, de 14 anos, e a levou para a masmorra. Ele disse a ela que estava salvando-a de uma gangue de pedófilos responsável por sequestrá-la e estava esperando que a família pagasse um resgate. De acordo com o que ela registrou em seu diário, ele a estuprou cerca de 20 vezes. Depois de 72 dias na masmorra, em 9 de agosto, ela se juntou à última vítima de Dutroux, Laetitia Delhez, de 12 anos.

Dessa vez, contudo, uma testemunha percebeu um carro suspeito perto de onde Delhez foi raptada. O carro pertencia a Dutroux e, em 13 de agosto, a polícia prendeu Dutroux e Martin na casa de Sars-la-Buissiere. Dois dias depois a polícia invadiu a casa de Charleroi e encontrou a masmorra. Eles resgataram Dardenne e Delhez vivas. Durante algumas semanas Dutroux insistiu que ele era uma mera peça em uma conspiração muito maior. Uma vez que a nação observava horrorizada, ele levou a polícia aos corpos de suas cinco vítimas.

Aquele terror se transformou em raiva à medida que a acusação do caso se arrastava interminavelmente, alimentando especulações de que estava sendo sabotada deliberadamente por pedófilos dos mais altos escalões da sociedade belga. O principal promotor do caso foi então repentinamente afastado de sua função. O povo belga respondeu promovendo uma imensa manifestação, em protesto à corrupção das autoridades.

Dois anos depois, Dutroux escapou brevemente da prisão, irritando ainda mais as pessoas. Esse episódio forçou a renúncia de dois ministros. Ainda assim, passaram-se outros seis anos até que o caso finalmente fosse levado a julgamento, em março de 2004. Dutroux tentou culpar seus cúmplices por tudo, mas o testemunho das vítimas sobreviventes, em especial Sabine Dardenne, o incriminou completamente. Em junho de 2004, Dutroux foi considerado culpado por assassinato e sentenciado à prisão perpétua sem a possibilidade de condicional. Michele Martin foi condenada a 30 anos por sua crueldade impronunciável em ser cúmplice de Dutroux e por ter deixado as duas garotas morrerem de fome.

John Wayne Gacy

Mesmo comparado aos seus colegas serial killers, John Wayne Gacy, o "palhaço assassino", se tornou uma espécie de ícone da pura maldade. Isso, em parte, tem a ver com o modo que se vestia como palhaço para entreter crianças em festas próximas de sua casa, no subúrbio de Chicago – que ideia mais sinistra poderia haver do que a de que, por trás da maquiagem de palhaço, há um assassino sexual? E tem a ver em

"Gacy foi condenado a dez anos por sodomia e sua esposa rapidamente se divorciou dele."

parte por causa da total barbaridade de seu crime: 33 jovens do sexo masculino estuprados e assassinados, quase todos enterrados sob sua casa suburbana.

John Wayne Gacy nasceu em 7 de março de 1942, Dia de São Patrício, segundo dos três filhos de Elaine Robinson Gacy e John Wayne Gacy Sênior.* Ele cresceu em um bairro de classe média no norte de Chicago e teve uma educação católica. Sua infância foi extremamente calma. Olhando um pouco mais de perto, no entanto, e lá estariam os problemas. John Gacy Sênior era um homem averso à sociedade que com frequência descontava sua raiva no filho, por meio de surras e abuso verbal. John Gacy Júnior, por sua vez, se tornou muito próximo de sua mãe. Aos 11 anos, ele sofreu um grave acidente, no qual foi atingido na cabeça por um balanço. Isso fez com que ele tivesse frequentes perdas de consciência durante a adolescência. Nesse período ele também se queixava de problemas cardíacos, embora fosse mais provável que se tratasse apenas de um sintoma de hipocondria, presente durante toda a vida – sempre que estava sob pressão, ele se queixava de estar a ponto de ter um ataque cardíaco.

Gacy teve um desempenho medíocre na escola, que ele a abandonou antes de se formar e foi para Las Vegas na tentativa de fazer fortuna. Em vez disso, ele acabou por trabalhar em um necrotério, onde mostrou um interesse mórbido pelos cadáveres. Ele depois retornou a Chicago e começou a frequentar a faculdade de negócios. Enquanto esteve lá, descobriu sua considerável habilidade para ser vendedor; ele era capaz de conversar com as pessoas sobre tudo.

Cidadão modelo

Em 1964, Gacy se casou com Marlyn Myers, uma mulher que ele havia conhecido no trabalho e cujo pai tinha uma série de franquias da Kentucky Fried Chicken.** Gacy decidiu se juntar ao negócio familiar e se tornou gerente de restaurante. O casal teve um filho e Gacy se tornou extremamente ativo na caridade local e no grupo da comunidade nas redondezas de sua casa, em Waterloo, Iowa.

Tudo isso terminou em maio de 1968, quando Gacy foi acusado de estuprar um jovem empregado chamado Mark Miller. Gacy foi condenado a dez anos por sodomia e sua esposa rapidamente se divorciou dele.

*N.T.: Adjetivo utilizado após nomes masculinos para se referir à pessoa mais velha da família que tem o mesmo nome de outro integrante.

**N.T.: Tradicional rede de *fast-food* norte-americana, também conhecida pela sigla KFC.

Bom comportamento

Ele foi solto apenas depois de 18 meses, graças a seu bom comportamento na prisão. Seu pai havia morrido enquanto estava preso, mas agora sua mãe – a quem ele sempre havia sido próximo – o apoiou e o ajudou a se estabelecer nos negócios novamente. Ele comprou uma nova casa no subúrbio de Chicago e se estabeleceu como empreiteiro. Em junho de 1972, ele se casou novamente, dessa vez com Carole Hoff, uma mulher divorciada. Carole e suas duas filhas se mudaram para a casa de Gacy e a família logo se tornou popular na vizinhança. Gacy dava festas temáticas, como faroeste ou Havaí, e era ativo na política democrática local.

Processo judicial

Carole Hoff tinha conhecimento do passado de Gacy, mas sob a impressão de que ele havia superado tudo o que ficou para trás. Isso estava longe de ser verdade. Na verdade, pouco antes de se casarem, Gacy havia sido acusado de abusar sexualmente de um menor, mas o caso sucumbiu quando seu acusador não compareceu à corte. Porém, começaram a circular rumores a respeito da conduta de Gacy com os adolescentes do sexo masculino que ele gostava de empregar em seu negócio. Em

1975, seu casamento estava definitivamente se deteriorando. Carole ficou perturbada ao encontrar pornografia homossexual por toda a casa. Gacy se recusou a pedir desculpas e até disse a ela que preferia homens a mulheres. O casal se divorciou em 1976. Descobriu-se

que durante seu casamento Gacy havia apanhado estranhos em bares gays de Chicago e cometido diversos assassinatos, enterrando os corpos sob a casa. Os vizinhos até haviam reclamado do terrível odor.

Manifestantes puderam expressar um pouco do que sentiam a respeito do assassino quando jogavam os pertences de Gacy em uma fogueira.

Agora que seu casamento havia terminado, Gacy deu plena vazão a sua ânsia de matar. Ele desenvolveu um *modus operandi*. Vítimas, fossem elas pegas nas ruas ou escolhidas de sua força de trabalho, eram atraídas a irem a sua casa, e recebiam bebidas alcoólicas e maconha. Gacy depois se oferecia para mostrar a elas um truque de mágica. Ele pedia para que a vítima colocasse algemas e então descobria que não se tratava de mágica: as algemas eram muito reais e a vítima estava agora sob o poder de Gacy. Gacy prosseguia torturando suas vítimas antes de finalmente matá-las, estrangulando-as enquanto as estuprava.

Visitas do palhaço

Novamente, Gacy foi bem-sucedido. Seus vizinhos não suspeitaram, embora continuassem a reclamar dos odores vindos de sua casa. Ele continuou a dar festas e começou a se vestir como "Pogo, o Palhaço" para visitar crianças doentes em hospitais. Ele se tornou um importante membro do Partido Democrático local, tão estimado que foi fotografado apertando a mão da então primeira-dama, Roslyn Carter.

Em 1978, finalmente seu segredo começou a ser descoberto. Em fevereiro desse ano, ele sequestrou um jovem chamado Jeffrey Rignall, o cloroformizou, estuprou e torturou, e depois, de forma diferente, o abandonou em um parque em vez de matá-lo. Rignall foi à polícia, que mostrou pouco interesse, mas agindo sozinho, conseguiu rastrear seu agressor e fazer uma queixa oficial, que estava apenas começando a ser investigada mais tarde naquele verão.

Busca na casa

Gacy ainda não estava sendo condenado por crime algum, quando, em 16 de outubro, um garoto de 16 anos chamado Robert Piest desapareceu. Seus pais descobriram que ele iria encontrar John Wayne Gacy para conversar a respeito de um emprego. Gacy declarou desconhecimento, mas o investigador decidiu ir adiante com uma busca na sua casa. Eles descobriram um arsenal de objetos suspeitos: algemas, pornografia, drogas e assim por diante. Eles também perceberam o odor horrível. Gacy foi confrontado com essas provas e ele finalmente confessou ter cometido apenas um assassinato. A polícia voltou à casa e começou a escavar. Eles logo perceberam que não existia apenas uma vítima, mas dúzias. No total foram encontrados 28 corpos por toda a casa; as cinco mais recentes vítimas haviam sido abandonadas em rios próximos, visto que Gacy não tinha mais espaço para enterrá-las.

Acusado de 33 assassinatos, Gacy alegou insanidade, porém

o júri considerou difícil acreditar que um homem que cava sepulturas com antecedência para suas vítimas fosse vítima de incontroláveis impulsos violentos. Ele então foi devidamente condenado à morte. Enquanto esteve na prisão ele se tornou uma celebridade grotesca: admiradores crédulos podiam telefonar para um número para ouvir suas contestações a respeito dos crimes dos quais havia sido acusado. Ele deu entrevistas frequentes e mostrou suas pinturas aos admiradores. Próximo do final de seu período no corredor da morte, ele começou a alegar que não tinha matado, mas que havia sido vítima de uma conspiração misteriosa. Porém tudo em vão. Em 10 de maio de 1994, ele foi morto por injeção letal.

Franco-atiradores psicóticos

A maioria dos serial killers gosta de estar próximo de suas vítimas, sendo o desejo sexual, muitas vezes, sua motivação. No entanto, há alguns poucos que têm um *modus operandi* diferente, um que os mantêm muito longe de suas vítimas. Esses são os franco-atiradores psicóticos, homens (e eles são sempre do sexo masculino) que tiram vidas sem que suas vítimas ao menos saibam quem atirou. Por essa razão, embora não estuprem ou torturem suas vítimas, eles são de alguma maneira os mais aterrorizantes de todos os assassinos – o que poderia ser mais assustador do que saber que enquanto você segue sua rotina diária, fazendo compras ou abastecendo seu carro, um assassino poderia tê-lo em sua mira, pronto para destruí-lo em um instante, em um impulso aleatório?

Essa é a ameaça de um atirador psicótico, e eles são tão difíceis de serem pegos que podem quase parar uma cidade inteira. E com certeza é isso que os franco-atiradores mais famosos fizeram: David Berkowitz deixou partes da cidade de Nova York sob um virtual toque de recolher durante o longo e quente verão de 1977. Vinte e cinco anos depois, em outubro de 2002, John Muhammad e seu sócio John Malvo levaram o mesmo terror aos subúrbios de Washington, D.C., os mais traumáticos, pois surgiram apenas meses depois dos acontecimentos de 11 de setembro.

Esses são os serial killers mais difíceis de compreender. A motivação de assassinos sexuais, enquanto repugnante, é ao menos clara; o que leva um homem a atirar em estranhos a distância parece insondável. Berkowitz e Muhammad podem ter sido considerados legalmente sãos, mas seus atos são, sem dúvida, da mais pura insanidade.

David Berkowitz

Durante apenas um ano, um assassino conhecido como "Filho de Sam" aterrorizou a cidade de Nova York. Ele era um atirador solitário que matou sem alarde ou razão aparente; suas vítimas eram mulheres e casais jovens, mortos a tiros assim que sentassem em seus carros ou andassem nas ruas. O terror se intensificou quando o assassino começou a deixar bilhetes para a polícia e a escrever para os jornais – cartas estranhas e desconexas nas quais se referia a si como o "Filho de Sam". Por um momento esse assassino alcançou o *status* de demoníaco na imaginação popular, mas quando ele foi finalmente pego, passou a ser um indivíduo aparentemente comum chamado David Berkowitz, um típico nova-iorquino de 23 anos.

Durante os 20 primeiros anos de sua vida ou mais, David Berkowitz não foi alguém muito notado pelas pessoas. Ele nasceu em 1º de junho de 1953 e foi imediatamente entregue à adoção por sua mãe biológica, Betty Falco. Seus pais adotivos, Nathan e Pearl Berkowitz, eram pessoas calmas que se voltavam a si. David tornou-se um garoto grande e desajeitado que julgava ser difícil fazer amigos. Sua mãe adotiva morreu tragicamente de câncer no pâncreas quando David tinha 14 anos.

A morte da mãe

A morte de sua mãe o afetou de maneira profunda e suas notas na escola, antes boas, começaram a decair. Então, seu pai casou novamente, com uma mulher que não gostava de David. Em 1971, seu pai e sua madrasta se mudaram para uma comunidade de aposentados na Flórida, deixando David em Nova York. Ele reagiu alistando-se no exército, no qual ficou durante três anos, aprendendo a se tornar um atirador especialista ao longo do caminho. Foi também durante esse período que David, extremamente desajeitado com as mulheres, teve sua única experiência sexual, com uma prostituta coreana que o deixou com uma doença venérea.

Fantasias violentas

Berkowitz deixou o exército em 1974, retornou a Nova York e arrumou um emprego como segurança. Enquanto isso, ele começava a nutrir fantasias cada vez mais violentas em relação a mulheres, e seu estado mental como um todo

"As garotas me chamam de feio e elas me incomodam muito. Os caras apenas riem. De qualquer modo, as coisas logo mudarão para melhor."

estava decaindo rapidamente. É evidente que ele tinha alguma consciência disso, pois escreveu a seu pai em novembro de 1975 que: "O mundo está ficando sombrio agora. Eu posso sentir isso cada vez mais. As pessoas estão desenvolvendo uma aversão a mim. Você não acreditaria o quanto algumas pessoas me odeiam. Muitas delas querem me matar. Eu sequer conheço essas pessoas, mas mesmo assim elas me odeiam. Muitas delas são jovens. Eu ando pelas ruas e elas cospem em mim e me chutam. As garotas me chamam de feio e elas me incomodam muito. Os caras apenas riem. De qualquer modo, as coisas logo mudarão para melhor."

Em uma interpretação posterior, isso era em parte um clamor por ajuda e em parte um aviso. Berkowitz acreditava estar rodeado de demônios que o estimulavam a matar, e ele se sentia cada vez mais incapaz de resistir a eles. Finalmente, ele cedeu à pressão. No Natal, ele saiu armado com uma faca e feriu duas jovens, que sobreviveram.

Na ocasião seguinte em que demônios falaram, ele estava com uma arma de fogo. Em julho de 1976, duas jovens, Jody Valenti e Donna Lauria, estavam sentadas dentro de um carro em Queens, Nova York, quando um assaltante despercebido se aproximou e atirou em ambas através do para-brisas. Lauria foi morta e Valenti sobreviveu.

Não houve uma grande reação imediata: era apenas outra história de terror de Nova York. Então, três meses depois, em outubro, Berkowitz atacou novamente. Carl Denaro e Rosemary Keenan também estavam sentados dentro de um carro estacionado quando um tiro ressoou, atingindo Denaro. O casal sobreviveu. A bala era igual a que havia matado Lauria.

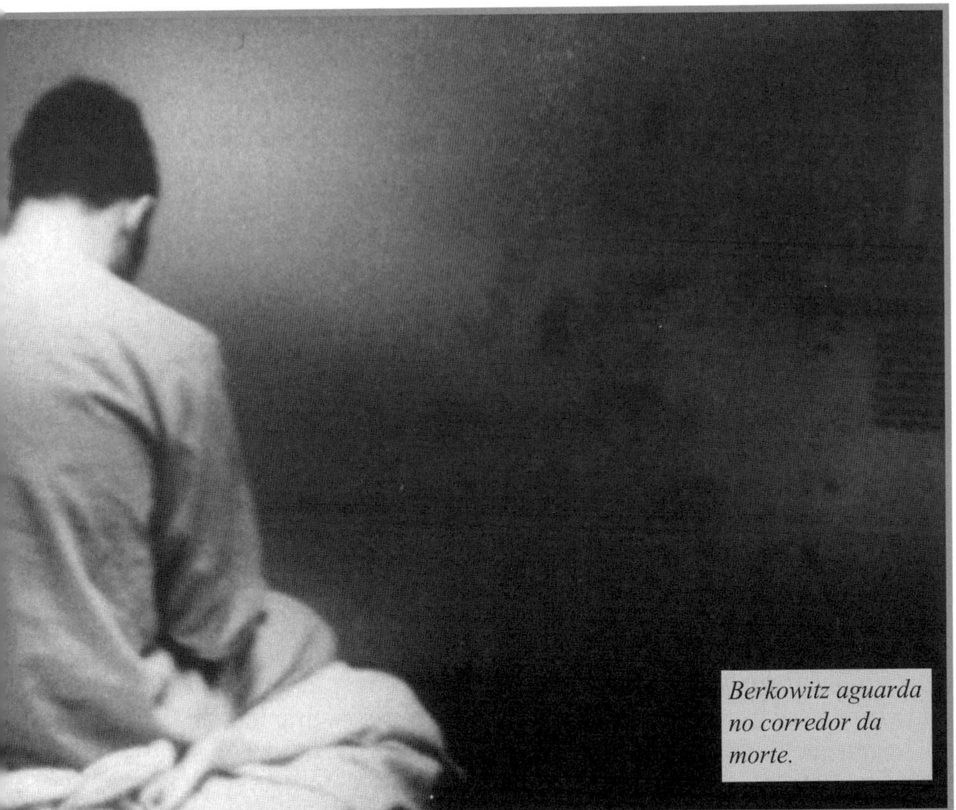

Berkowitz aguarda no corredor da morte.

Um mês depois, Berkowitz atirou em suas próximas vítimas, Donna DeMasi e Joanna Lomino, do lado externo de uma casa, em Queens. Ambas sobreviveram, embora DeMasi tenha ficado paralisada, visto que a bala ficou alojada em sua coluna vertebral. A essa altura, a polícia e a população, de modo semelhante, estavam conscientes de que um atirador desordenado estava à solta.

Berkowitz esperou até o Ano Novo antes de matar novamente. Em janeiro de 1977, ele atirou em Christine Freund, matando-a, assim que ela se sentou dentro de um carro com seu namorado, John Diel. Depois, em março, ele atirou em Virginia Voskerichian quando ela caminhava para casa, matando-a. Um mês depois, ele atacou um casal novamente. Dessa vez, Valentina Suriani e seu namorado, Alexander Esau, foram mortos instantaneamente. Um bilhete foi encontrado na cena, endereçado ao policial que comandava a investigação:

"Prezado Capitão Joseph Borrelli, eu estou profundamente sentido por você se referir a mim como alguém que odeia mulheres.

Eu não as odeio. Mas eu sou um monstro. Eu sou o "Filho de Sam". Eu sou uma criança um pouco levada. Quando o pai Sam se embebeda, ele fica malvado. Ele bate em sua família. Às vezes ele me amarra atrás da casa. Outras vezes ele me prende na garagem. Sam ama beber sangue. 'Saia e mate', ordena pai Sam."

O bilhete vazou na imprensa no começo de junho e a angústia da população aumentou. Então, em junho, Berkowitz atacou novamente, atirando em Salvatore Lupo e Judy Placido, assim que se sentaram em seu carro. Felizmente, ambos sobreviveram.

Mais cartas do "Filho de Sam" se sucederam, destinadas à polícia e à imprensa. Era um tórrido verão, mas os nova-iorquinos, especialmente aqueles que moravam no Queens, estavam com medo de sair. A investigação policial estava se afogando em tantas informações, poucas delas concretas. Entre as pistas, eles não tiveram tempo de seguir uma fornecida por Sam Carr, morador de Yonkers, que havia recebido cartas anônimas a respeito de seu cachorro, que em seguida levou tiros. Carr pensou em um suspeito, um vizinho chamado David Berkowitz.

A polícia não agiu a tempo de impedir que Berkowitz atacasse novamente. Em julho, Robert Violante e Stacy Moskowitz estacionaram seu carro, sentindo-se seguros porque estavam no Brooklyn, e não no Queens. Berkowitz atirou em ambos, matando Moskowitz e cegando Violante.

Seguindo esse ataque assassino, a polícia recebeu uma informação secreta de que um homem havia sido visto escapando da cena em um carro que havia recentemente recebido uma multa por estacionamento em local proibido. Uma checagem nas multas desse tipo dadas naquela noite levou ao nome de David Berkowitz, entre outros. Com o cruzamento dessa informação e a pista fornecida por Sam Carr, a polícia estava confiante de que haviam encontrado seu homem.

Eles observaram a casa de Berkowitz e encontraram seu carro estacionado do lado externo, com um rifle no banco dianteiro. Eles prenderam Berkowitz assim que ele surgiu, confessando imediatamente. Apesar de uma evidente esquizofrenia, ele foi considerado são e culpado, e condenado a 365 anos de prisão, sentença que ainda cumpre. Na prisão, ele se tornou cristão evangélico e sua igreja mantém um *site* no qual Berkowitz publica seus pensamentos, a maioria religiosos. Recentemente, o filme de Spike Lee, *O verão de Sam*, fez Nova York se recordar do tempo em que um solitário paranoico deixou toda a cidade em polvorosa.

John Muhammad

Durante três semanas do mês de outubro de 2002, John Allen Muhammad, um afro-americano ex-sargento do exército, e John Malvo, um adolescente jamaicano que Muhammad havia adotado como filho, levaram terror aos arredores de Washington, D.C. Conhecidos na mídia como "Franco-atiradores de Beltway", Muhammad e Malvo mataram pelo menos 14 pessoas e feriram pelo menos mais cinco antes de serem finalmente capturados. Muhammad era, definitivamente, o parceiro dominante nos assassinatos, mas sua motivação permanece obscura. Alguns acreditam que, por ser convertido ao Islã, Muhammad pode ter conduzido um ataque terrorista deliberado. Em contraste, sua ex-esposa, Mildred, acredita que isso foi parte de uma conspiração elaborada, se não maluca, para matá-la e obter a tutela de seus três filhos.

Atirador experiente

John Muhammad nasceu John Allen Williams, em Louisiana, em 30 de dezembro de 1960. Sua mãe morreu quando ele era jovem e seu pai era ausente, então seu avô e sua tia o criaram. Muhammad se tornou um excelente jogador de futebol americano e se casou com sua namorada no ensino médio, Carol Williams, em 1982. Ele se alistou no exército em 1985, treinando como mecânico e engenheiro de combate. Foi transferido para a Alemanha em 1990, combateu na Guerra do Golfo, em 1991, retornando aos Estados Unidos no ano seguinte, e recebeu uma dispensa honorável do exército, como sargento, em 1994. Rumores não confirmados sugerem que sua dispensa estava ligada a um ataque de granadas que Muhammad foi acusado de ordenar a seus soldados. Ele não recebeu treinamento específico de franco-atirador quando esteve no exército, mas era qualificado como experiente com o rifle M-16, uma versão civil do Bushmaster 223 – a arma que tinha em posse quando foi finalmente preso.

Conversão ao Islã

Após deixar o exército, Muhammad se estabeleceu em Tacoma, no estado de Washington. A essa altura ele vivia com sua terceira esposa, Mildred, e seus três filhos. Muhammad trabalhava como mecânico de automóveis e começara a praticar

artes marciais. Ele se converteu à Nação do Islã, mudando seu nome para Muhammad.

Nesse período, Muhammad parecia ser um membro bem respeitado da comunidade. Então, as coisas começaram a dar errado. Em breve ele estaria preso em uma batalha amarga com Mildred pela tutela dos filhos. Ele tomou os filhos e fugiu para Antigua, no Caribe. Lá, ele tentou se estabelecer como vendedor, mas acabou por ajudar pessoas a obter documentos falsos para entrar nos Estados Unidos. Uma das pessoas ajudadas por ele foi Lee Malvo, de origem jamaicana. Quando as coisas passaram a não dar certo em Antigua ele retornou para o estado de Washington com seus três filhos e Malvo, que ele afirmava ser seu enteado. Muhammad se mudou para a cidade de Bellingham, perto da fronteira do Canadá, e lá tentou matricular seus filhos na escola. A essa altura os investigadores o rastrearam e devolveram seus três filhos para a mãe, que rapidamente deixou o estado e se escondeu em Maryland. Muhammad e Malvo, que agora se chamava John, também, permaneceram em Bellingham por um período. Eles viveram em abrigos para sem-tetos, mas Muhammad aparentemente tinha dinheiro suficiente para fazer voos frequentes nos Estados Unidos. Durante esse período, a dupla cometeu seu primeiro assassinato: eles pretendiam matar uma amiga de Mildred em Tacoma, mas, em vez disso, acidentalmente acertaram a sobrinha da mulher.

No final do verão de 2001, Muhammad e Malvo fizeram uma viagem a Louisiana, onde Muhammad visitou seus parentes. Ele afirmava estar bem, ter uma família e um negócio nas Ilhas Virgens, mas seu discurso arrogante foi desmentido pelo fato de que seu cabelo não estava limpo nem cortado. Seus parentes ficaram preocupados, como não poderia deixar de ser. Após deixarem Louisiana, Muhammad e Malvo compraram um carro, um Chevrolet Caprice azul ano 1990. Enquanto perambularam pelos Estados Unidos, eles eram suspeitos de ter cometido uma série de assaltos e disparos: três em Maryland, um no Alabama e um em Louisiana. Suspeita-se que outro assassinato, em Atlanta, tenha também sido obra deles.

No final de setembro, a dupla pode ter matado mais de nove vezes. No começo os assassinatos pareciam parte integrante e necessária dos assaltos. No entanto, eles pareciam ser realizados, cada vez mais, por interesse próprio.

Então vieram os acontecimentos de outubro de 2002. Na noite de 2 de outubro, um homem de 55 anos foi baleado e morto no estacionamento de uma mercearia em Wheaton, Maryland. No

"Eles pretendiam matar uma amiga de Mildred, em Tacoma, mas, em vez disso, acidentalmente acertaram a sobrinha da mulher."

dia seguinte, mais cinco pessoas foram baleadas e mortas durante suas rotinas – uma cortando grama, uma entregando um pacote, uma atravessando uma rua e duas abastecendo o tanque de seus carros – nenhuma delas com qualquer suspeita de que seu próximo suspiro seria o último.

Vítimas aleatórias

O pânico foi imediato. O que poderia ser mais aterrorizante do que um franco-atirador – poucas pessoas imaginavam que eram dois deles – escondendo-se e atirando sem pontaria nos pedestres, decidindo arbitrariamente qual vida tirar e qual poupar.

O disparo seguinte foi em uma mulher em Spotsylvania, Virgínia. Ela sobreviveu, mas agora estava claro que o franco-atirador estava rodeando os subúrbios de Washington, aproximando-se de Beltway, o anel viário que cerca a cidade. Mais três dias se passaram sem nenhum disparo, então a dupla atirou em um garoto de 13 anos, no lado externo de sua escola, em Bowie, Maryland, deixando uma carta de tarô na cena.

No dia seguinte, a polícia de Baltimore parou um veículo dirigido desordenadamente. O motorista se identificou como John Muhammad; John Malvo também estava no carro. No entanto, uma checagem nos antecedentes indicou que Muhammad não tinha documentos pendentes e – tragicamente, como tinha de ser – ele pôde prosseguir. Durante os dez dias seguintes a dupla matou mais três vítimas.

Estado de emergência

Toda a área estava agora em estado de emergência; as pessoas tinham medo de ir às compras ou abastecer os tanques dos carros.

No dia do último assassinato – um motorista de ônibus em Aspen Hill, em 22 de outubro –, as autoridades, devido a uma pista fornecida por telefone, fizeram busca em uma casa em Tacoma, onde Malvo e Muhammad haviam morado. Em janeiro, vizinhos haviam reclamado que Muhammad tinha o hábito de usar o quintal para praticar pontaria. As autoridades emitiram um alerta em âmbito nacional a respeito do Chevrolet Caprice azul, e foi anunciado que um mandado de prisão para Muhammad havia sido providenciado.

Finalmente, em 24 de outubro, o veículo foi reconhecido por um motorista em uma parada de descanso. A polícia de Washington logo cercou o carro e encontrou Muhammad e Malvo dormindo nele. Eles os prenderam e descobriram que o carro tinha sido modificado para ser usado como um esconderijo. Também foi encontrado no carro um rifle calibre 223 Bushmaster XM15.

No julgamento, Muhammad e Malvo foram considerados culpados por assassinato. Em 9 de março de 2004, Muhammad foi sentenciado à morte, enquanto Malvo recebeu a pena de prisão perpétua. Quando esta edição estava sendo escrita, Muhammad planejava uma apelação.*

*N.T.: John Muhammad foi executado com injeção letal em 10 de novembro de 2009.

Anatoly Onoprienko

Anatoly Onoprienko foi o segundo maior serial killer a surgir na ex-União Soviética após a queda do comunismo, seguindo o Estripador de Rostov, Andrei Chikatilo. Onoprienko era um assassino brutal com uma patologia particularmente incomum. Muito simples, Onoprienko gostava de matar famílias – crianças e todos os outros – agindo com uma crueldade que levou os jornais a apelidá-lo de "o Exterminador".

Onoprienko nasceu na cidade de Laski, na Ucrânia. Sua mãe morreu quando ele tinha apenas quatro anos e seu pai o colocou em um orfanato, embora tenha deixado o filho mais velho em casa. Esse parece ter sido o princípio da raiva de Onoprienko em relação à humanidade e às famílias em particular. Ele nunca perdoou seu pai por tê-lo rejeitado e escolheu uma terrível vingança.

Pau para toda obra

Após deixar o orfanato, Onoprienko trabalhou como guarda-florestal e marinheiro, e era conhecido pelas autoridades em saúde mental de Kiev, capital da Ucrânia. A primeira enxurrada de assassinatos aos quais é associado aconteceu em 1989. Com um cúmplice, Sergei Rogozin, Onoprienko realizou uma série de assaltos. Durante um deles, a dupla foi interrompida pelos proprietários da casa. Onoprienko os matou prontamente. Ele seguiu adiante, matando os ocupantes de um carro estacionado.

Em seguida, Onoprienko se separou de Rogozin. Seus movimentos durante os seis anos seguintes, quando o comunismo ruiu e a Ucrânia se tornou um Estado independente, permanecem ocultos. Ele é conhecido por ter vagado na Europa Central durante um período e foi deportado da Alemanha e da Áustria, mas é incerto se foi responsabilizado por qualquer assassinato nessa época.

A onda de assassinatos mais sangrenta da história

Do que se tem certeza é que ele estava de volta à Ucrânia no final de 1995, quando iniciou uma das mais sangrentas ondas de assassinatos da história, matando 43 vítimas em pouco mais de três meses. Como antes, Onoprienko mirava em casas na periferia de cidades pequenas e vilas ao redor da Ucrânia; dessa vez, contudo, ele

não estava interessado em assaltar, apenas em matar.

Ele começou na véspera de Natal de 1995, arrombando a casa da família Zaichenko. Ele assassinou o casal e os dois filhos com uma espingarda de cano duplo, pegou alguns *souvernirs* e depois ateou fogo à casa. Seis dias depois, na cidade de Bratkovichi, um lugar que se tornou um terreno de caça frequente, ele arrombou outra casa e matou o casal que vivia lá, além das irmãs gêmeas da esposa. Antes de matar a próxima família, quase como em um show paralelo, ele passou o dia 6 de janeiro matando motoristas, quatro no total, ao longo da rodovia Berdyansk-Dnieprovskaya. Ele explicou mais tarde: "Para mim, era como caçar. Perseguir pessoas".

Na sequência, em 17 de janeiro, ele retornou para Bratkovichi. Lá, ele arrombou a casa da família Pilat, matou cinco pessoas que viviam na propriedade e depois ateou fogo à casa. Quando saía, duas pessoas o viram, e então ele atirou nelas também.

Mais tarde naquele mesmo mês ele se dirigiu ao leste, à cidade de Fastova, onde matou mais quatro pessoas, uma enfermeira e sua família. Ele então foi para Olevsk, no oeste, onde, em 19 de fevereiro, arrombou a casa da família Dubchak. Ele atirou no pai e no filho, e bateu na mãe e na filha até a morte com um martelo. Mais tarde ele disse aos investigadores que a filha havia presenciado o assassinato dos pais e estava rezando quando se aproximou dela. "Segundos antes de esmagar sua cabeça, ordenei que ela me mostrasse onde eles guardavam o dinheiro" – ele disse. "Ela dirigiu a mim um olhar furioso e desafiador, e disse 'Não, não mostrarei'. Aquela força foi inacreditável, mas eu não senti coisa alguma."

Apenas uma semana depois, Onoprienko dirigiu até Malina, onde assassinou todos os quatro integrantes da família Bodnarchuk, atirando no marido e na esposa, e usando um machado para executar suas filhas, de sete e oito anos. Mais uma vez, um transeunte teve o azar de ver o assassino deixando a casa e foi adicionado à lista de mortos.

Apenas três semanas se passaram até Onoprienko agir novamente, em 22 de março de 1996. Ele viajou para o pequeno vilarejo

"Ele afirmou ter ouvido vozes que o ordenaram cometer assassinatos."

de Busk, fora da sitiada cidade de Bratkovichi, para massacrar todos os quatro membros da família Novosad, atirando neles e depois queimando a casa. A essa altura, os aldeões aterrorizados exigiram ajuda do governo, que respondeu enviando um Grupo de Segurança Nacional inteiro, complementado com lançadores de foguetes, para repelir essa ameaça desconhecida. Enquanto isso, dois mil oficiais participavam de uma gigantesca caçada a um homem.

Esconderijo de armas

No final, porém, foi um parente de Onoprienko quem realizou sua captura. Onoprienko estava com um primo quando, ao encontrar um esconderijo de armas em seu quarto, pediu para que deixasse a casa e telefonasse para a polícia. A polícia rastreou Onoprienko até a casa de sua namorada, onde foi preso em 16 de abril de 1996, domingo de Páscoa. Eles o encontraram ouvindo música em um toca-fitas roubado da família Novosad. Investigações mais detalhadas revelaram armas usadas nos assassinatos, mais uma coleção de *souvenirs* tomados de suas vítimas.

Uma vez em custódia, Onoprienko exigiu falar com "um general", e assim que um foi providenciado ele confessou 52 assassinatos. Ele afirmou ter ouvido vozes que o ordenaram cometer os crimes. Ele também disse que havia passado por tratamento para esquizofrenia em um hospital psiquiátrico em Kiev. De maneira perturbadora, o Ministro do Interior de Kiev inicialmente descartou que Onoprienko fosse um paciente cujos terapeutas sabiam que era um assassino, mas eles depois se recusaram a falar sobre o assunto.

Em 1999, Onoprienko foi acusado de 52 assassinatos e condenado à morte. Essa sentença ainda será implementada, visto que a Ucrânia é agora membro do Conselho da Europa, que concordou em banir a pena de morte. Investigações continuam a fim de confirmar se ele cometeu mais assassinatos, na Ucrânia ou em outro lugar, entre 1989 e 1995.

Assassinos Estupradores

Há alguns crimes que, felizmente, tendem a ser únicos: o assassinato doméstico de um membro de família, por exemplo. Há outros que se tornam usuais, como o roubo. Então, há os crimes que dominam o perpetrador e este se torna compulsivo. Estupro, em particular o estupro de um estranho, é esse tipo de crime, assim como o assassinato em série.

É um pouco surpreendente que dois crimes sejam, com maior frequência do que nunca, ligados. O estupro é uma forma de tomar o desejo de outra pessoa por meio dele; assassinato é aquele impulso levado ao seu extremo lógico e terrível. Alguns serial killers começam como estupradores e então mudam para o assassinato. Para muitos, no entanto, os dois atos são inseparáveis; para esses assassinos, a satisfação sexual é intrinsecamente ligada ao assassinato de outro ser humano.

Assassinos estupradores surgem de muitos estilos de vida diferentes. Sua patologia sexual atravessa todas as fronteiras das classes sociais. Aqueles como Pee Wee Gaskins provêm de um espantoso passado de pobreza, omissão e abuso. Em seu caso, não é de todo surpreendente que tenha se tornado um assassino pervertido. Porém, há outros casos não tão fáceis de se compreender. Ted Bundy veio de uma família problemática, mas razoavelmente estável, e estudou Direito quando adulto; ainda assim, esses antecedentes aparentemente comuns produziram um homem que se satisfazia praticando estupros e assassinatos, matando pelo menos 30 jovens do sexo feminino e provavelmente muito mais, com uma selvageria cada vez maior.

Nem tampouco interessante é o fato de os assassinos estupradores serem sempre acometidos por feiura ou deformidade. Assassinos como Bundy e Paul Knowles eram homens jovens e bonitos que não encontravam dificuldade em atrair as mulheres. Suas deformidades, ao que parece, eram internas.

Ted Bundy

Ted Bundy é um dos mais aterrorizantes de todos os serial killers. Por quê? Não é simplesmente porque ele era um sádico e necrófilo que confessou o assassinato de mais de 30 mulheres, e pode ser concebível que tenha assassinado cerca de 100. É também porque, ao contrário da maioria dos monstros, ele de fato poderia se passar por um homem normal – o jovem advogado de boa aparência que vive mais abaixo na rua. Bundy não era um agressor desocupado que mantinha uma distância segura de pessoas respeitáveis. Ele era um assassino que passava seu tempo em lugares comuns: o campus universitário, o shopping center, o parque durante o feriado.

Normalidade aparente

Talvez o aspecto mais mortal do *modus operandi* de Bundy era que ele brincava de maneira impiedosa com sua aparente normalidade. Tipicamente, uma vítima – sempre uma mulher jovem com cabelos longos e escuros partidos ao meio – retornava ao seu dormitório de estudante, ou estava ao ar livre, no parque. Ela era abordada por um jovem homem bem-apessoado de cabelos desgrenhados e com sua arma oculta. Ele explicava que precisava de ajuda para levantar algo que estava dentro do carro. A jovem, gentil, se oferecia para ajudar o agradável jovem e o seguia até o carro. Ela então desaparecia para sempre, ou era encontrada no matagal, com o corpo estuprado e sodomizado, sua cabeça furada por um ataque violento com um instrumento rombudo.

Ted Bundy nasceu Theodore Robert Cowell, em novembro de 1946, em Vermont. No entanto, ele usufruía pouco do privilégio tipicamente creditado a sua geração. Sua mãe, Louise Cowell, havia engravidado de um militar que desapareceu antes de Ted nascer. Ela e o bebê viviam com seus rígidos pais, na Filadélfia, e em uma tentativa de evitar escândalos, a família fingiu que Ted era, na verdade, filho dos avôs e que sua mãe era sua irmã. Quando Ted tinha quatro anos, sua mãe se mudou para Tacoma, Washington, e se casou com um homem chamado John Bundy. Um ano depois, em 1951, Ted adotou o nome de seu padrasto.

Bundy era uma criança inteligente que com frequência obtia boas notas na escola. Porém, ele não se socializava com facilidade. Ele sofreu *bullying* quando jovem e mais tarde, enquanto se tornava

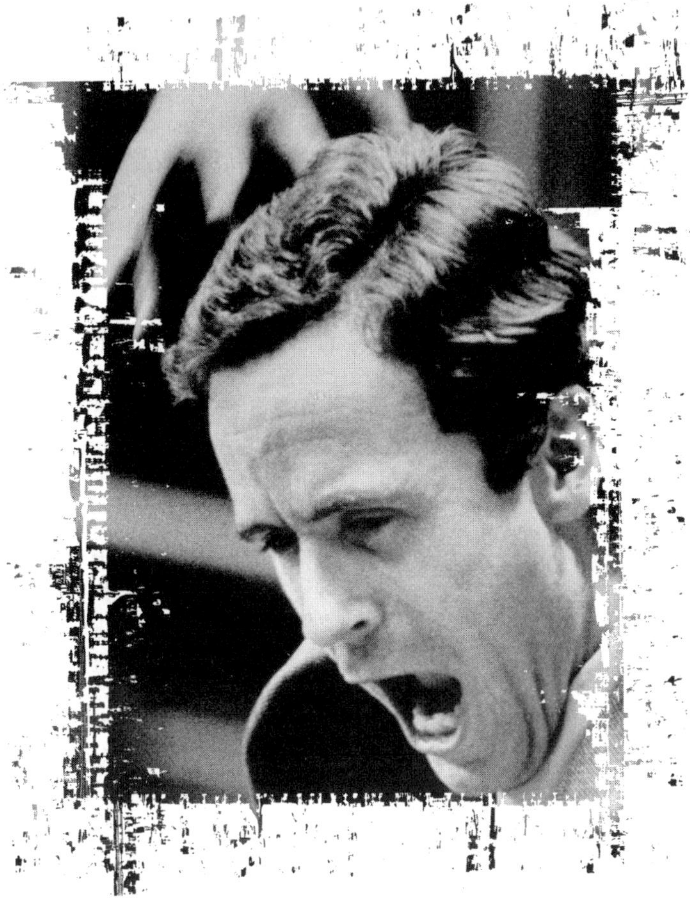

aparentemente mais sociável, também obteve a reputação por cometer pequenos furtos e mentir.

Após o ensino médio ele frequentou a Universidade de Puget Sound, em Washington. Aproximadamente nesse período ele conheceu uma mulher jovem e bonita chamada Stephanie Brooks, que tinha cabelos longos e escuros partidos ao meio. Stephanie era de uma família rica da Califórnia,

"Quando a polícia encontrou os cadáveres, haviam neles marcas recentes de mordidas."

e ela e Bundy saíram juntos uma vez. Porém, enquanto Bundy se tornou obcecado por ela, a jovem o considerava sem ambição, rompendo com ele quando deixou a faculdade. Bundy ficou desolado.

Fúria assassina

Ele deixou a faculdade e ficou deprimido por um período. Então, ele transformou seu desapontamento em motivação para progredir. Ele se rematriculou na faculdade, estudou psicologia e se tornou ativo no Partido Republicano. Trabalhou em um serviço de atendimento para suicidas e recebeu uma menção honrosa do Departamento de Polícia de Seattle por capturar um assaltante. Ele encontrou uma nova namorada, Meg Anders, que era divorciada. Não era possível se parecer ainda mais com um cidadão-modelo.

Sob isso, porém, uma fúria assassina se formava. Primeiramente ele voltou a estabelecer contato com Stephanie Brooks, encontrando-a na Califórnia durante uma viagem de negócios, em 1973. Ela estava impressionada com o novo Ted empreendedor e – sem o conhecimento de Anders – Stephanie e Ted começaram a falar sobre casamento.

Em fevereiro de 1974, Bundy interrompeu qualquer contato com Brooks. Ele a dispensou de maneira súbita, a exemplo do que ela havia feito. O que ela não sabia é que, pouco antes, Bundy havia cometido seu primeiro assassinato. A vítima era uma jovem chamada Lynda Healy, levada à força de seu apartamento em Seattle. Durante alguns meses depois, mais cinco jovens do sexo feminino desapareceram nos arredores. Elas foram vistas pela última vez caminhando, e todas tinham cabelos escuros e compridos partidos ao meio.

Estava claro que havia um serial killer à solta, mas a essa altura a polícia não tinha corpos nem pistas. Então vieram os acontecimentos de 14 de julho. Naquele dia quente de verão, multidões se reuniram nas praias de Lake Sammammish, mas duas pessoas – Janice Ott, de 23 anos, e Denise Naslund, de 19 anos – não fizeram sua viagem de retorno. Ambas se perderam de seus amigos e desapareceram. Quando a polícia investigou, alguns transeuntes afirmaram ter visto Ott conversando com um homem cujo braço estava em uma tipoia e que, de acordo com o que escutaram, se chamava Ted. Então, outra testemunha foi além e disse que esse Ted havia pedido ajuda a ela para guardar um barco à vela em seu carro, um Fusca marrom. Ela havia ido com Bundy até o carro, mas quando ele disse que o barco estava em algum lugar na estrada e que teriam de dirigir até lá, ela ficou desconfiada e desistiu.

A polícia lançou uma descrição do homem cujo nome era Ted e várias chamadas foram recebidas. Uma delas era uma chamada anônima de Meg Anders, dizendo que ela acreditava que o homem poderia ser seu namorado, Ted Bundy, que estava começando a assustá-la

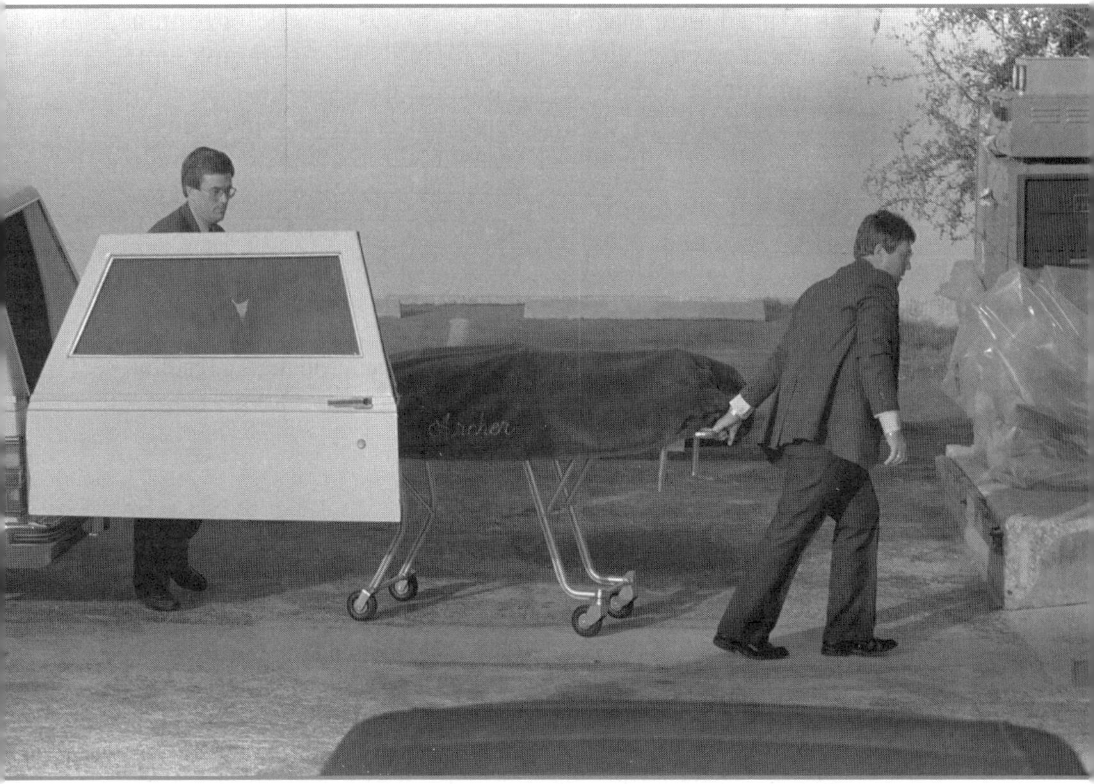

O corpo de Ted Bundy é levado ao Instituto Médico Legal após a execução.

com seu interesse em sexo violento e escravidão sexual. A polícia investigou Bundy, mas o jovem republicano estudante de Direito parecia muito inócuo para se preocuparem e a pista foi descartada.

Durante os três meses seguintes corpos começaram a ser descobertos. Ott e Naslund foram encontradas enterradas no matagal, com o esqueleto de uma terceira mulher que não pôde ser identificada. Mais dois corpos foram encontrados no mês seguinte. Então, Bundy mudou suas operações para fora do estado.

Suas próximas três vítimas foram todas raptadas em Utah durante o mês de outubro. A essa altura, Bundy cometeu seu primeiro erro. Em 8 de novembro, ele tentou levar Carol DaRonch à força de um shopping center em Salt Lake City. Ele fingiu ser um policial e a levou até seu carro, um Fusca, mas ela ficou desconfiada e conseguiu escapar, após um conflito. Mais tarde naquela noite, Debbie 3, de 17 anos, não teve tanta sorte; Bundy a raptou e assassinou.

Preso

No Ano Novo, Bundy mudou sua região de caça, dessa vez para o Colorado. Lá, ele raptou mais quatro mulheres no primeiro semestre de 1975. Porém, pouco antes de o quarto corpo ser descoberto, ele foi finalmente preso. Um policial parou Bundy em Salt Lake City e olhou dentro do carro, onde encontrou algemas e uma máscara feita de meia. Carol DaRonch foi intimada e reconheceu Bundy em uma fila de suspeitos como o homem que havia tentado sequestrá-la. Sua prova foi suficiente para que ele fosse acusado e condenado à prisão por tentativa de sequestro.

Enquanto isso, outra evidência ligou Bundy aos assassinatos em Colorado, e em janeiro de 1977 ele foi levado para Aspen para ser julgado pelo assassinato de Caryn Campbell. O jogo tinha obviamente terminado para Bundy. Embora ele tivesse uma aparência respeitável, estava muito claro que por trás disso havia um terrível sádico sexual e assassino.

Esse poderia ter sido o fim da história, mas enquanto aguardava julgamento, Bundy demonstrou novos níveis de desenvoltura. Ele fugiu da prisão durante uma audiência e passou oito dias se escondendo em Aspen antes de ser recapturado. De maneira inacreditável, ele conseguiu escapar novamente, fazendo um furo no teto de sua cela, rastejando-se e fazendo outro furo na sala do zelador, e depois saindo da prisão sem ser questionado. Essa durou mais e resultou em consequências mais graves.

Livre

Bundy fugiu para Tallahassee, Flórida, onde alugou um quarto usando nome falso, perto da universidade. Duas semanas depois de sua fuga, em 15 de janeiro de 1978, ele matou novamente, abandonando toda a sutileza de sua aproximação. Ele invadiu um convento e brutalmente estuprou e assassinou duas jovens, deixando uma terceira gravemente ferida.

No mês seguinte, ele falhou ao tentar raptar uma estudante. Três dias depois, conseguiu raptar e assassinar sua última vítima, Kimberley Leach, de 12 anos. Depois de mais três dias ele foi finalmente recapturado, e dessa vez foi acusado de assassinato em primeiro grau: a prova contra ele foi a compatibilidade de seus dentes com as marcas de mordida deixadas em suas vítimas. Em julho de 1979, ele foi condenado à morte na cadeira elétrica.

O estudante de Direito Ted Bundy fez várias apelações, cada vez mais tênues, e se tornou uma celebridade. Enquanto estava na prisão, ele confessou mais de 30 assassinatos. Mulheres propuseram casamento a ele; uma até conseguiu trocar votos de casamento com ele quando surgiu como testemunha de defesa durante uma audiência de apelação. A corte, no entanto, não se impressionou e finalmente, em 24 de janeiro de 1989, Ted Bundy foi morto.

Pee Wee Gaskins

Com aproximadamente um metro e 60 de crueldade viciosa, Pee Wee Gaskins possui o título de mais produtivo serial killer dos Estados Unidos – isto é, se acreditarmos que tenha matado mais de 100 vítimas por conta própria. O que se tem por certo é que Pee Wee Gaskins era um assassino tão frio que foi capaz de cometer dois tipos diferentes de assassinato, algo incomum entre os serial killers. Por um lado, ele era um criminoso de carreira que assassinava por motivos puramente profissionais. Por outro lado, ele era um assassino sexual que abatia homens e mulheres. Gaskins sabia como se portar em um ambiente violento e era completamente amoral, tornando-se quase uma máquina assassina.

Surras frequentes

Gaskins nasceu na Carolina do Sul, em 31 de março de 1993, durante a Depressão. O nome de sua mãe era Parrott, e Pee Wee era o mais novo em uma série de filhos ilegítimos. O início de sua vida foi caracterizado por omissão e surras frequentes dos vários "padrastos". Pequeno para sua idade, ele foi imediatamente apelidado de Pee Wee; sua mãe tinha pouquíssimo interesse nele, de modo que a primeira vez em que ele teve conhecimento de seu nome – Donald – foi quando o leram em voz alta na ocasião de sua primeira audiência, na metade de sua adolescência.

A audiência aconteceu depois de uma rápida onda criminosa a qual se submeteram Pee Wee e

Esquerda: Pee Wee Gaskins no trajeto para mostrar à polícia os cenários de seus crimes. Direita: Nem mesmo a ameaça da cadeira elétrica pôde deter Gaskins de cometer seus crimes. Ele foi executado em 1991.

"O grupo estuprou a irmã de um dos integrantes e cometeu uma série de furtos."

dois colegas que abandonaram a escola. O grupo estuprou a irmã de um dos integrantes e cometeu uma série de furtos. Eles foram presos após uma testemunha tê-los identificado para a polícia ao sobreviver a um ataque selvagem com uma machadinha, realizado durante um roubo malsucedido. Pee Wee foi enviado ao reformatório.

Lá, o diminuto Pee Wee foi estuprado com frequência por seus colegas. Ele foi solto aos 18 anos, em 1951, e trabalhou brevemente em uma plantação de tabaco, mas foi rapidamente preso mais uma vez, dessa vez por incêndio criminoso e por atacar com um martelo uma mulher. Na prisão, ele foi estuprado novamente. Dessa vez, contudo, ele revidou cortando a garganta do estuprador. Ele recebeu mais três anos de pena por isso, mas a partir de então Pee Wee Gaskins se tornou o agressor, e não a vítima.

Ele escapou da prisão por um curto período em 1955, mas foi recapturado e condenado novamente. Finalmente solto em 1961, ele estava de volta à prisão um ano depois por estupro estatutário. De fato, quando foi solto, em 1968, Gaskins finalmente passou um período significativo fora da prisão. Para o resto do mundo, infelizmente, ele estava então com 35 anos e absolutamente mortífero.

Ele matou pela primeira vez em setembro de 1969, torturando e assassinando uma caronista que apanhou antes de afogar seu corpo em um pântano. "Tudo o que pensei é como eu pude fazer tudo que eu quis com ela", ele escreveu mais tarde em suas memórias. Ela deve ter sido a primeira de muitas caronistas que ele apanhou e matou nas estradas desertas entre Sumter e Charleston. Inacreditavelmente, ele dirigia nas redondezas um carro fúnebre roxo com um esqueleto de plástico pendurado no espelho retrovisor. Quando perguntado por que escolheu esse veículo, ele respondeu: "Porque eu mato muitas pessoas". Todos pensaram, infelizmente, que ele estava brincando. Evidência adicional de suas inclinações maníacas foi o fato de que ele armazenava dinamite em sua geladeira e tonéis de ácido sulfúrico em seu quintal.

Matando mais próximo de casa

O apetite de Gaskins por assassinar logo o levou a matar mais próximo de casa. Em novembro de 1970, ele estuprou e assassinou sua própria sobrinha de 15 anos, Janice Kirby, e uma amiga dela. Acredita-se que no mês seguinte ele tenha torturado e assassinado a filha de 13 anos de um político local – um crime que Gaskins mais tarde confessou. Em 1973, no mais terrível de seus assassinatos, ele estuprou e assassinou duas de suas vizinhas: Doreen Dempsey, de 23 anos e grávida de oito meses, e sua filha de um ano de idade.

Ninguém sequer suspeitou que Pee Wee fosse um assassino sexual, mas alguns de seus conhecidos sabiam que ele estava preparado para cometer assassinatos por uma remuneração razoável. Em fevereiro de 1975, uma mulher chamada Suzanne Kipper Owens contratou Gaskins para matar seu namorado, Silas Barnwell Yates. O casal rapidamente considerou se casar, mas acontecimentos conspiraram contra eles: a fim de ocultar o assassinato, Gaskins acabou por matar mais quatro vezes. Uma das vítimas era uma mulher chamada Diane Bellamy Neely, que havia ajudado a preparar o assassinato de Yates. Seu irmão, Walter Neely, que estava envolvido no negócio principal de Gaskins – carros roubados –, inicialmente ajudou Gaskins a esconder os assassinatos.

Foi o negócio de carros roubados que levou Gaskins à prisão no final do ano. A essa altura, Walter Neely se apavorou e confessou seu envolvimento na ocultação dos assassinatos. Além disso, testemunhou que Gakins foi responsável pelos assassinatos.

A partir de então, a prioridade de Gaskins foi evitar a pena de morte. Ele fez infindáveis acordos com a polícia se eles garantissem que ele não seria sentenciado à morte. Em maio de 1976, ele foi acusado de um assassinato e então recebeu mais nove sentenças de prisão perpétua em 1978. Em troca de sua confissão, a sentença foi de fato reduzida a prisão perpétua.

Esse poderia ter sido o fim da história de Pee Wee Gaskins. Em vez disso, seu desejo por matar era tanto que, enquanto cumpria sua sentença, aceitou um acordo para matar Randolph Tyner, um prisioneiro que estava no corredor da morte. Dessa vez, porém, Gaskins não teve poder de negociação. Ele foi condenado à morte, uma punição finalmente executada na cadeira elétrica, em 1991.

Carl Panzram

Carl Panzram foi um verdadeiro misantropo – um homem que certamente detestava seus semelhantes. Seus 39 anos na Terra o viram vagar de uma infância abusiva a uma vida adulta nômade, passada com idas e vindas em um infernal sistema prisional. Nesse período, ele se vingou matando pelo menos 21 vítimas, e roubando e estuprando muitas mais. Quando ele foi executado, em 1930, sua última ação foi cuspir no rosto do algoz e dizer:

Durante uma de suas frequentes passagens pela prisão, Panzram foi enviado a Sing Sing, mas se mostrou tão indisciplinado que foi transferido – apenas para prosseguir e assassinar um colega.

"Rápido, seu Hoosier* desgraçado, eu poderia enforcar uma dúzia de homens enquanto você está matando o tempo".

Panzram nasceu em uma fazenda em Warren, Minnesota, em 28 de junho de 1891, e era o mais velho de setes filhos de uma família muito pobre de imigrantes alemães. Sua vida desesperadamente dura se tornou ainda mais difícil quando Carl tinha sete anos: um dia, seu pai saiu e nunca mais voltou. A mãe e os irmãos se esforçaram para manter a fazenda funcionando, trabalhando de sol a sol nos campos. Durante esse período, seus irmãos o batiam sem piedade sem que houvesse motivo. Aos 11 anos, ele os deu um bom motivo: arrombou a casa de um vizinho e roubou tudo o que encontrou, inclusive um revólver. Quando o encontraram, seus irmãos o bateram até que perdesse os sentidos.

Instituição correcional desumana

Panzram foi preso pelo crime e enviado à Minnesota State Training School, em 1903, aos 12 anos. Essa era uma instituição desumana na qual ele foi frequentemente espancado e estuprado pelos funcionários. Lá, ele adquiriu uma predileção por sexo homossexual forçado e uma aversão permanente à autoridade. Em 1905, ele expressou esse ódio ateando fogo em uma parte da escola. No entanto, ele não foi identificado como culpado, e conseguiu convencer o conselho que concede liberdade condicional de que seu caráter estava reformado. O oposto estava mais próximo da verdade: o Carl Panzram que surgiu da escola tinha, na verdade, um caráter deformado.

Panzram voltou para casa por um período, foi para a escola brevemente e, então, a abandonou após uma discussão com uma professora. Ele trabalhou na fazenda de sua mãe até que, aos 14 anos, saltou em um trem de carga e se dirigiu para o oeste. Durante os anos seguintes ele teve a vida de um vagabundo juvenil. Cometeu crimes e foi vítima deles; foi enviado a reformatórios e fugiu deles. Quando tinha 16 anos, em 1907, ele se alistou no exército, mas se recusou a aceitar a disciplina, e depois foi pego tentando desertar com uma trouxa de roupas furtadas. Ele foi dispensado desonrosamente e enviado à temida prisão Leavenworth, onde passou dois duros anos, quebrando pedras e se tornando um homem muito forte e perigoso. Quando solto, ele voltou à sua andança. Foi preso várias vezes e sob diversos nomes por vadiagem, arrombamento, incêndio criminoso

*N.T.: Gíria norte-americana para se referir à pessoa natural do estado de Indiana, nos Estados Unidos.

Panzram parece ter recebido sua sentença de morte por enforcamento de maneira positiva, indo tão longe a ponto de amaldiçoar militantes que tentaram reverter a decisão.

e roubo. O único crime pelo qual não foi pego, mas que tinha prazer especial em cometer era o estupro homossexual. Em uma ocasião ele até estuprou um policial que estava tentando prendê-lo. A selvageria de seus crimes aumentava de maneira gradativa, assim como suas sentenças de prisão – ele cumpriu períodos em Montana e Oregon.

Em 1918, Panzram fugiu da Oregon State Prison, onde ele estava cumprindo pena sob o nome de Jefferson Baldwin. Ele decidiu deixar o nordeste, onde havia se tornado muito conhecido pela polícia. Mudou seu nome para John O'Leary e se dirigiu para a costa leste, onde ele faria a transição de assaltante e estuprador para assassino cruel.

Isca

Ele começou a cometer uma série de assaltos que lhe proporcionaram dinheiro suficiente para comprar um iate. Ele atraía marinheiros ao seu iate, os embriagava, estuprava e matava, e depois, jogava seus corpos no mar. Isso continuou até que seu barco colidiu e afundou, altura em que ele calculou ter matado dez homens. Mais uma vez falido, Panzram se escondeu em um navio e acabou em Angola, África. Ele assinou contrato de emprego com uma empresa petrolífera que estava cavando a costa do Congo. Enquanto esteve lá, ele estuprou e matou um garoto de 12 anos. Depois, prosseguiu em uma expedição de caça a crocodilos que terminou quando ele matou os seis guias locais que havia contratado, estuprou seus cadáveres e os serviu como alimento para os crocodilos.

Capturado

Panzram retornou aos Estados Unidos logo em seguida, já que testemunhas o tinham visto contratando os guias. Ele prosseguiu, estuprando e matando um garoto de 11 anos, George McMahon, na cidade de Salem, Massachusetts. Durante os meses seguintes ele cometeu mais dois assassinatos e diversos assaltos. Ele foi finalmente capturado enquanto assaltava na estação de trem. Esta deveria ser sua sentença mais difícil: ele começou em Sing Sing, mas se mostrou tão indisciplinado que foi enviado para Dannemora, um estabelecimento famoso onde foi agredido e torturado pelos guardas. Suas pernas foram quebradas e deixadas sem tratamento, algo que o fez ficar quase paralítico e sentindo constantes dores pelo resto de sua vida.

Quando solto, em julho de 1928, Panzram imediatamente cometeu uma série de assaltos e pelo menos um assassinato, sendo preso novamente. Estava óbvio que a essa altura ele estava cansado da vida.

Quando preso ele deu seu verdadeiro nome pela primeira vez na prisão, em Washington, D.C., e confessou diversos assassinatos de garotos. Encorajado por um carcereiro com quem iniciou uma amizade improvável, ele passou a escrever um relato com 20 mil palavras sobre sua vida terrível e seus crimes horrendos. Este continua a ser um documento singular, um horripilante, mas surpreendente relato imparcial da vida íntima de um serial killer. Após as confissões e em meio a um alvoroço de interesse da mídia, Panzram foi a julgamento pelo mais recente de seus assassinatos: o estrangulamento de Alexander Uszacke. Ele foi considerado culpado e condenado a cumprir 25 anos no presídio federal de Leavenworth, Kansas.

Após a condenação, Panzram alertou o mundo de que ele mataria o primeiro homem que cruzasse seu caminho quando estivesse na prisão. Ele cumpriu sua promessa. Conseguiu trabalho na lavanderia e um dia assassinou seu supervisor, Robert Warnke, quebrando sua cabeça com uma barra de ferro.

Dessa vez, Panzram foi condenado ao enforcamento. Ele recebeu o veredito da corte de maneira positiva e afirmou que sua única ambição, naquele momento, era morrer. Enquanto militantes contra a pena de morte tentavam reverter sua sentença, ele, de maneira nada cortês, os escreveu para dizer: "Eu desejo que todos vocês tenham pescoço e que minhas mãos estejam ao redor dele". Pouco depois, em 3 de setembro de 1930, seu desejo de morrer foi realizado e ele foi devidamente enforcado.

"Rápido, seu desgraçado, eu poderia enforcar uma dúzia de homens enquanto você está matando o tempo."

Paul Knowles

Os jornalistas geralmente conhecem os serial killers apenas quando estes estão trancados, de maneira segura, atrás das grades. A jornalista britânica Sandy Fawkes teve uma experiência diferente ao conhecer um jovem homem de boa aparência chamado Paul Knowles em um bar de Atlanta e passar vários dias

Na placa, os seguintes dizeres: "Não toque neste carro. As impressões digitais têm que ser colhidas. Ordem do Xerife!"
A perseguição policial foi um final justo para a carreira do assassino que havia passado muito de seu tempo em movimento.

com ele. Dez dias depois, ela viu a foto de seu amado na capa do jornal – recém-preso por uma sequência de no mínimo 18 assassinatos.

Nativo da Flórida, Paul Knowles era um serial killer que não tinha os padrões usuais de comportamento comumente apresentados por assassinos desse tipo. Ele vagava de lugar em lugar, matando jovens e velhos, homens e mulheres. Às vezes, ele estuprava suas vítimas, tanto homens quanto mulheres; ora ele não o fazia. Às vezes, seus crimes tinham motivação financeira, outras vezes sexual. O único traço comum em suas ações era uma extrema falta de escrúpulo moral.

Nascido em 1946, desde sua adolescência, Knowles tinha problemas constantes com a lei. Ele cumpriu sua primeira sentença na prisão quando tinha 19 anos e desde então estava sempre entrando e saindo da cadeia, em sua maioria por causa de assaltos ou roubos de carro.

Seu primeiro assassinato comprovado se sucedeu pouco depois de ter sido preso por causa de uma briga de bar em Jacksonville, Flórida, em 26 de julho de 1974. Ele fugiu da prisão por meio de sua habilidade em abrir fechaduras e invadiu a casa de Alice Curtis, de 65 anos. Ele roubou dinheiro e bens, incluindo seu carro, e a deixou amarrada e amordaçada. Mais tarde, ela morreu asfixiada com a mordaça, e quando as notícias sobre sua morte atingiram a mídia local, Knowles decidiu se livrar do carro. Ao fazer isso, viu duas garotas, com idades de sete e onze anos, as quais ele pensou que o tivessem reconhecido. Ele raptou ambas, as estrangulou e se desfez dos corpos em um pântano.

> "Ele estrangulou Kathie Pierce enquanto seu filho de três anos assistia. O menino, porém, foi deixado ileso."

Na estrada

Em seguida, ele foi em direção ao sul, para Atlantic Beach, na Flórida, onde arrombou outra casa e estrangulou o morador. Depois disso, ele foi para o norte, apanhando uma caronista, que ele estuprou e estrangulou durante o trajeto, antes de parar em Musell, Geórgia, para invadir ainda outra casa, onde estrangulou Kathie Pierce enquanto seu filho de três anos assistia. O menino, porém, foi deixado ileso.

Knowles passou os dois meses seguintes dirigindo sem rumo ao redor do país, matando, estuprando e roubando à medida que prosseguia. Em 3 de setembro de 1974, ele roubou e matou um comerciante chamado William Bates, em Lima, Ohio. Em 18 de setembro, ele assassinou dois campistas em Ely, Nevada. Em 21 de setembro, no Texas, ele viu uma motorista com problemas buscando por ajuda. Ele parou para estuprá-la e matá-la. Após dois dias, retornando à sua região, ele conheceu uma esteticista chamada Ann Dawson, em Birmingham, Alabama. Eles passaram seis dias juntos como amantes, com Dawson pagando as contas, até que, em 29 de setembro, ele a matou.

Mais três semanas de impulso se passaram antes que Knowles encontrasse sua próxima vítima, Doris Hovey, em quem ele atirou e matou próximo ao norte de Woodford, Virgínia. De volta ao sul, em Macon, Geórgia, em 6 de novembro, um homem chamado Carswell Carr cometeu o erro de convidar Knowles a ir à sua casa para beber. Knowles esfaqueou Carr até a morte e depois estrangulou sua filha de 15 anos, Mandy, tentando praticar sexo com o cadáver.

Bloqueio na estrada

Dois dias depois, Knowles estava em Atlanta, onde conheceu Sandy Fawkes. Ela se sentiu imediatamente atraída por aquilo que ela chamou de "boa aparência sombria". Porém, Knowles não conseguiu realizar o ato sexual, e falhou repetidas vezes alguns dias seguintes. Quando se separaram, Fawkes não fazia ideia do quão sortuda ela era por estar viva; ela descobriu quando, no dia seguinte, Knowles deu carona a uma de suas amigas, Susan Mackenzie, e apontou uma arma para ela antes de exigir que fizessem sexo. Mackenzie conseguiu escapar e avisou a polícia, que estava logo no rastro de Knowles.

A perseguição durou vários dias. Finalmente preso por um policial, Knowles conseguiu puxar sua arma e sequestrar o oficial, roubando seu carro. Ele então usou o carro de polícia para parar outro motorista, cujo carro ele roubou em seguida.

Agora ele tinha dois reféns, o policial e o motorista, James Meyer. Ele rapidamente se aborreceu com ambos e os amarrou em uma árvore, em Pulaski County, Geórgia, antes de atirar em suas cabeças.

O tempo, no entanto, estava se esgotando para Knowles. Ele se deparou com um bloqueio policial e tentou escapar a pé antes de finalmente encontrar um civil armado que o aprisionou.

Knowles não viveu o suficiente para dar à polícia uma confissão muito detalhada. Um dia após sua prisão, ele foi levado ao local de um de seus assassinatos. No trajeto, Knowles conseguiu abrir suas algemas com clipe de papel. Ele então agarrou a arma no coldre do motorista, o Xerife Earl Lee. Enquanto lutavam, o agente do FBI que também estava no carro sacou sua arma e atirou em Knowles, matando-o.

Estripadores Impiedosos

Nossa noção moderna acerca dos serial killers tem suas raízes nos crimes de Jack, o Estripador, cometidos há cerca de cem anos, na Londres Vitoriana. Aí está um assassino que agia sem aviso no meio da noite. Suas vítimas eram prostitutas, cujos corpos ele literalmente dilacerou com sua faca. Ele até criou seu apelido, assinando "Jack, o Estripador" nas cartas sarcásticas que ele escreveu aos jornais. No entanto, não foi o simples fato de que ele havia assassinado essas mulheres que tanto prendeu e aterrorizou a imaginação do público – foi o modo insensível e fetichista com o qual ele dilacerava seus corpos e removia os *souvenirs* assustadores com os quais ele "decorava" a cena do crime ou levava consigo.

Essa combinação de brutalidade e fetichismo sexual extravagante está no centro da psique do serial killer, e proporcionou um modelo terrível para as outras almas doentes que se seguiram. Quando alguém começou a matar prostitutas na cidade de Leeds, norte da Inglaterra, nos anos 1970, não foi muito tempo antes de a imprensa chamá-lo de o "Estripador de Yorkshire". De modo semelhante, quando um grupo de jovens de Chicago com inclinações satânicas começou a encontrar prostitutas, mutilando-as de maneira selvagem e removendo seus seios, foi inevitável que se tornassem conhecidos como os "Estripadores de Chicago".

O homem desconhecido que chamava a si de Jack, o Estripador, escolheu uma palavra apropriada para o serial killer que não apenas cortava em pedaços os corpos de suas vítimas, mas que também rompia nosso senso de humanidade como algo originado além do meramente bestial.

Os estripadores de Chicago

Um assassino solitário que pode raptar, estuprar, torturar e matar uma sequência de mulheres jovens é aterrorizante o suficiente. Quatro homens que se unem para realizar tais crimes como uma equipe quase supera nossa crença. Isso é, porém, exatamente o que Robin Gecht, Edward Spreitzer e os irmãos Kokoraleis – Andrew e Thomas – fizeram. Conhecidos como os "Estripadores de Chicago", eles foram responsáveis por pelo menos sete e, de maneira concebível, por cerca de 18 assassinatos de mulheres, todos realizados com selvageria extrema e sem qualquer motivo aparente, além do mais imoral dos impulsos sádicos.

O primeiro assassinato realizado pela gangue foi o de Linda Sutton, de 28 anos. Ela foi raptada em 23 de maio de 1981. Dez dias depois, seu corpo foi encontrado em um campo, na região de Villa Park, perto de um estabelecimento chamado Motel Rip Van Winkle. O corpo de Sutton havia sido mutilado e seus seios, amputados. Esse foi, evidentemente, o trabalho de um sádico sexual e, até então, a polícia não tinha pistas para ir em frente.

Passou-se quase um ano até que os Estripadores agissem novamente. Em 15 de maio de 1982, eles sequestraram outra jovem, Lorraine Borowski, enquanto estava prestes a abrir a imobiliária onde trabalhava. Dessa vez, contudo, passaram-se cinco meses para que o corpo fosse descoberto em um cemitério, em Villa Park.

Rostos sem descrição para crimes que eram o oposto: talvez não seja surpreendente o fato de os Estripadores de Chicago serem difíceis de encontrar.

> "Kokoraleis afirmou que outrora viu 15 seios na caixa."

A partir de então, os Estripadores atacaram muitas outras vezes. Em 29 de maio, eles sequestraram Shui Mak, em Hanover Park, uma pequena via ao norte de Villa Park. Seu corpo não foi encontrado por quatro meses. Duas semanas depois do sequestro de Shui Mak, uma prostituta conhecida como Angel York foi apanhada por um homem em uma *van*, onde foi algemada e teve seu seio cortado antes de ser abandonada com vida.

Mais amputações de seios

A descrição do agressor feita por York falhou em produzir qualquer pista, e dois meses se passaram antes que os Estripadores atacassem novamente. Em 28 de agosto de 1982, o corpo de Sandra Delaware, uma prostituta, foi encontrado no rio Chicago. Ela havia sido esfaqueada e estrangulada, e seu seio esquerdo, amputado. Em 8 de setembro, Rose Davis, de 30 anos, foi encontrada em um beco, com ferimentos quase idênticos aos de Delaware. Em 11 de setembro, Carole Pappas, cujo marido era lançador do Chicago Cubs,* desapareceu e nunca mais foi vista novamente.

Um mês depois, os assassinos cometeram seu último crime, um deles comprovado como sendo sua decadência. A vítima, uma prostituta chamada Beverly Washington, foi encontrada próximo de uma linha férrea, em 6 de dezembro. Além de outros ferimentos, seu seio esquerdo havia sido removido e o direito estava com profundos cortes. Surpreendentemente, ela ainda estava com vida e deu uma descrição de seu agressor e da *van* que ele usou para sequestrá-la.

Culto

Essa descrição levou a polícia a Robin Gecht, um carpinteiro de 28 anos que – bizarro o suficiente – havia trabalhado com o assassino pedófilo John Wayne Gacy. Quando adolescente, Gecht havia sido acusado de molestar sua irmã, e tinha um interesse a longo prazo em satanismo. Em um primeiro

*N.T.: Time de beisebol da cidade de Chicago.

momento a polícia teve que liberar Gecht por falta de provas, mas após investigações detalhadas, eles descobriram que no ano anterior ele havia alugado um quarto em um hotel com três amigos – cada um deles em quartos vizinhos. O gerente do hotel disse que eles davam festas barulhentas e pareciam estar envolvidos em alguma espécie de culto. Detetives então rastrearam o outro homem, os irmãos Kokoraleis e Edward Spreitzer – um homem com inteligência abaixo do normal.

Capela satânica

Sob interrogação, Thomas Kokoraleis confessou que ele e os outros haviam levado mulheres à casa de Gecht, chamada por este de "capela satânica". Lá, eles haviam estuprado e torturado as vítimas, removendo seus seios com um garrote de arame. Mais tarde ele alegou que eles comiam partes dos seios decepados, como uma espécie de sacramento, e que Gecht se masturbava nos seios antes de colocá-los em uma caixa. Kokoraleis afirmou que outrora viu 15 seios na caixa.

A polícia prendeu os três homens; Gecht foi preso novamente. Eles fizeram buscas no apartamento de Gecht e encontraram a capela satânica, mas não a caixa com os seios decepados. Os irmãos Kokoraleis finalmente confessaram seus crimes, assim como Spreitzer. Gecht, no entanto, declarou sua inocência. Após uma série exaustiva de julgamentos, Andrew Kokoraleis foi condenado por assassinato e executado em 1999. Thomas Kokoraleis foi condenado por assassinato, mas recebeu apenas a sentença de prisão perpétua, como recompensa por sua confissão inicial. Edward Spreitzer foi condenado à morte, mas teve sua sentença mudada para prisão perpétua, em 2002. Na ausência de provas sólidas ligando-o aos crimes, Robin Gecht foi apenas condenado pelo estupro e pela tentativa de assassinato de Beverly Washington. Ele foi sentenciado a cumprir 120 anos na prisão, onde continua a afirmar sua inocência.

Jack, o Estripador

Jack, o Estripador, é o serial killer definitivo. Sua carreira breve e monstruosa introduziu o serial killer na mente das pessoas como o mais apavorante de todos os criminosos. Então, por que esse assassino, cujos crimes foram cometidos há cerca de um século, ainda nos assombra? Em parte é a absoluta crueldade de seus crimes: a estripação, a remoção de órgãos do corpo. Em parte é o cenário: o distrito de Whitechapel na Era Vitoriana está fixo em nossas mentes como um lugar marginal para assassinar. Principalmente, porém, o que fez o Estripador um imortal entre os assassinos é o simples fato de que ele nunca foi pego.

Quem foi ele?

Por essa razão, seus crimes foram alvos intermináveis de especulações. Raramente um ano se passou sem que outro livro fosse publicado com a promessa de citar o nome do verdadeiro assassino – uma tendência que alcançou seu auge quando a romancista policial Patricia Cornwell gastou supostos oito milhões de dólares de seu próprio dinheiro na tentativa de provar que o pintor Vitoriano Walter Sickert era o assassino –, acusação que permanece tênue, na melhor das hipóteses.

O assassino que conhecemos como Jack, o Estripador, se apresentou para o mundo em 31 de agosto de 1888, com o assassinato da prostituta Mary "Polly" Nichols. Esse foi o terceiro assassinato de uma prostituta do ano na região de East End, em Londres, e inicialmente não atraiu muita atenção, embora tenha sido um assassinato brutal e incomum: sua garganta e seu torso foram cortados, e havia ferimentos de facadas em seus genitais. A essa altura, sem dúvida, não havia nada que sugerisse um serial killer em geral.

Pouco mais de uma semana se passou, porém, até que o assassino agisse novamente. A vítima foi outra prostituta, Annie Chapman, conhecida como "Dark Annie". Assim como Polly Nichols, ela havia sido morta por um golpe de faca na garganta, mas dessa vez o assassino a tinha estripado, removido suas entranhas e as disposto sobre um dos ombros, e então removido sua vagina e seus ovários. O que chocou os investigadores, além do completo horror da cena, foi a precisão dos cortes – parecia possível que o assassino tivesse treinamento médico e fosse acostumado com dissecação de corpos em necrotério.

Duas vezes em uma noite

Esse crime repulsivo já tinha colocado o povo em polvorosa, mas não foi nada se comparado com a reação que se seguiu à próxima atrocidade do assassino, em 30 de setembro. Dessa vez ele não matou uma vez, mas duas vezes na mesma noite. A primeira vítima foi Elizabeth Stride, "Long Liz", uma costureira e prostituta eventual. Ela havia sido morta com uma facada no pescoço, mas não tinha nenhuma outra mutilação. Pode-se apenas presumir que o assassino foi interrompido em seu trabalho, portanto, descontente, pois antes que a noite terminasse, ele também matou a prostituta Catherine Eddowes – e dessa vez o ataque teve toda sua selvageria característica. Além disso, alguém escreveu na parede a estranha mensagem: "Os judeus não são os homens que serão culpados por nada".* A polícia não tinha certeza se o assassino havia escrito isso, ou o que significava, então o investigador ordenou que fosse removida para evitar histeria antissemita.

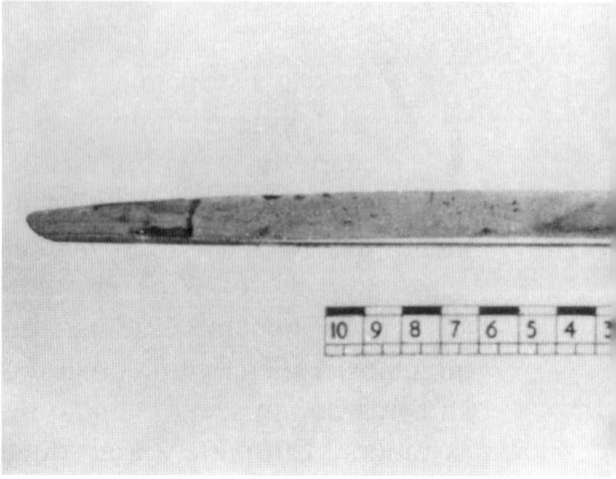

Cartas

Pouco antes do duplo assassinato, a agência de notícias Central News Agency havia recebido uma carta que era supostamente do assassino. Já tinha havido muitas dessas cartas, a maioria delas trotes evidentes, mas quando uma segunda carta do mesmo autor chegou durante as horas do duplo assassinato, a agência a encaminhou para a polícia. O autor assinava como "Jack, o Estripador", o que causou uma sensação na imprensa. O assassino agora tinha um nome.

Duas semanas depois outra carta chegou, enviada a George Lusk, presidente do Whitechapel Vigilance Committee.** Ela parecia

*N.T.: Em inglês, *"The Juwes are not the men that will be blamed for nothing"*. A palavra *juwes* foi interpretada como sendo a grafia incorreta de *jews*, ou seja, judeus.

**N.T.: Grupo de voluntários que na época patrulhavam o distrito de Whitechapel.

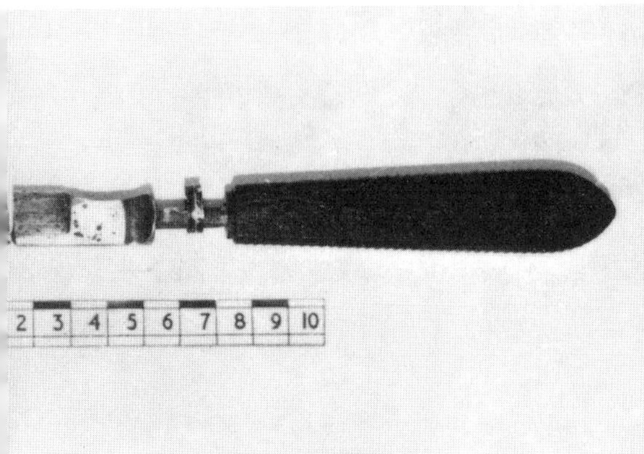

> "Era possível que o assassino tivesse treinamento médico e fosse acostumado com dissecação de corpos."

Faca encontrada na cena de um de seus assassinatos: seu formato despertou ainda outra teoria, a de que o assassino era empregado do ramo frigorífico.

ter autoria diferente das anteriores – esse correspondente era muito menos culto – mas era ainda mais assustador. Em vez de o endereço do remetente, havia simplesmente "do inferno". Anexo à carta havia um pedaço de rim humano, que o autor afirmou pertencer a Eddowes. Eddowes de fato teve um rim removido por seu assassino.

Carnificina inimaginável

Mais três semanas se passaram e então o Estripador atacou novamente. Mais uma vez, a vítima foi uma prostituta, Mary Kelly. Diferente do comportamento anterior, ela foi morta em local fechado, em um quarto em Miller's Court. O corpo de Mary Kelly foi completamente destruído; ela estava parcialmente esfolada, estripada, grotescamente posicionada e diversos troféus foram removidos, incluindo seu útero e um feto extraído de seu corpo (Kelly estava grávida na época). Foi uma cena de inimaginável carnificina e que deixou Whitechapel – e o mundo – preparado para a próxima atrocidade do Estripador.

No entanto, o próximo assassinato nunca ocorreu. Dois anos depois, houve um assassinato a facadas de uma prostituta e outro após mais dois anos, mas nenhum tinha quaisquer características de um assassinato do Estripador. Da mesma maneira misteriosa com a qual surgiu, o Estripador desapareceu.

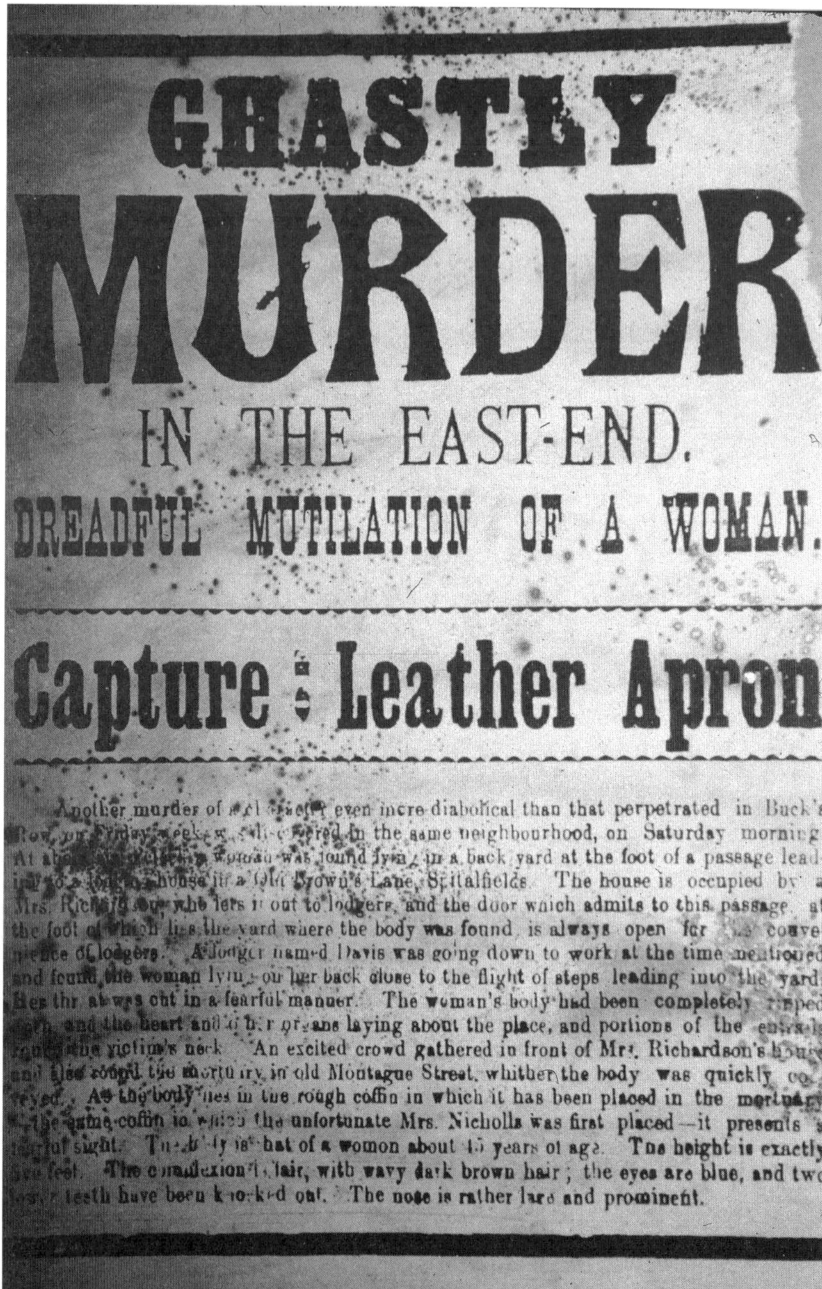

GHASTLY MURDER

IN THE EAST-END.

DREADFUL MUTILATION OF A WOMAN.

Capture of Leather Apron

Another murder of a character even more diabolical than that perpetrated in Buck's Row, on Friday week, was discovered in the same neighbourhood, on Saturday morning. At about six o'clock a woman was found lying in a back yard at the foot of a passage leading to a lodging-house in Old Brown's Lane, Spitalfields. The house is occupied by a Mrs. Richardson, who lets it out to lodgers, and the door which admits to this passage, at the foot of which lies the yard where the body was found, is always open for the convenience of lodgers. A lodger named Davis was going down to work at the time mentioned and found the woman lying on her back close to the flight of steps leading into the yard. Her throat was cut in a fearful manner. The woman's body had been completely ripped open, and the heart and other organs laying about the place, and portions of the entrails round the victim's neck. An excited crowd gathered in front of Mrs. Richardson's house and also round the mortuary in old Montague Street, whither the body was quickly conveyed. As the body lies in the rough coffin in which it has been placed in the mortuary – the same coffin in which the unfortunate Mrs. Nicholls was first placed – it presents a fearful sight. The body is that of a woman about 45 years of age. The height is exactly five feet. The complexion is fair, with wavy dark brown hair; the eyes are blue, and two lower teeth have been knocked out. The nose is rather large and prominent.

Um jornal mostra a amplitude com a qual os assassinatos invadiram as histórias diárias da mídia.

Desde então, detetives – amadores e profissionais – têm especulado a respeito de quem ele (ou até mesmo ela, em uma consideração improvável) era. Até hoje os suspeitos incluíam o filho da Rainha Victoria, Príncipe Eddy, em um momento de fúria contra a prostituta que supostamente havia lhe transmitido sífilis; *Sir* William Gull, o cirurgião da Rainha, como parte de uma conspiração para encobrir o fato de que Príncipe Eddy havia concebido um filho ilegítimo com uma garota de Whitechapel – infelizmente outra teoria com falta de provas; e o comerciante James Maybrick, de Liverpool, supostamente o autor de *The Ripper Diaries* [O Diário do Estripador], publicado em 1994, e considerado, de maneira geral, falso.

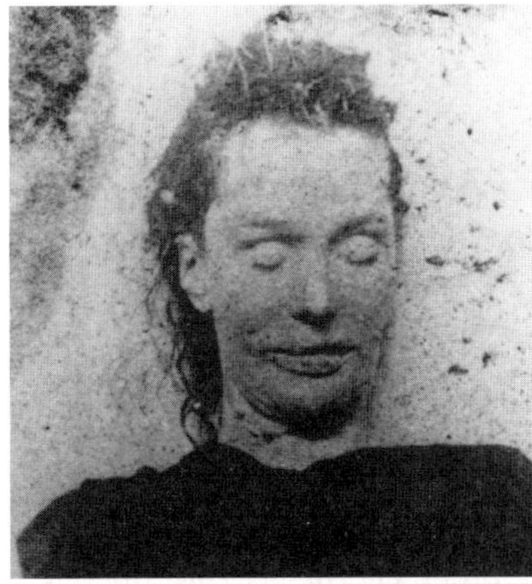

Elizabeth Stride, "Long Liz", que dubiamente afirmavam ser uma das duas mulheres mortas na mesma noite por Jack, o Estripador.

A verdade é que nós provavelmente nunca saberemos quem ele foi ou por que ele matou de maneira tão cruel. Porém, há uma explicação provável para o súbito fim de seu reinado de terror; na época levado adiante por, *Sir* Melville Macnaghten, o Comissário-chefe da Polícia Metropolitana. Ele especulou que "o cérebro do assassino se perdeu por completo após seu terrível excesso em Miller's Court, e que ele imediatamente cometeu suicídio, ou, como alternativa possível, descobriu ser tão desesperadamente insano por seus entes que eles o confinaram em um hospício".

Ed Gein

Ed Gein está longe de ser o mais produtivo dos serial killers. Há apenas dois assassinatos pelos quais ele foi indubitavelmente responsável, ainda que ele ocupe um espaço terrivelmente particular em nossa mente coletiva. Ele não foi apenas a inspiração para o filme *Psicose*, de Hitchcock, mas seus crimes também inspiraram *O Massacre da Serra Elétrica* e a personagem Buffalo Bill, em *O Silêncio dos Inocentes*, de Thomas Harris. Então, por que esse pequeno homem de aparência inofensiva inspira tal terror?

"Decorações" domésticas

A resposta simples é a seguinte: por causa das coisas que ele mantinha em sua cozinha e em seu guarda-roupa. Objetos como tigelas feitas de crânios humanos; uma couraça inteiramente feita com um torso esfolado de mulher; e até, talvez o mais desconcertante de todos: um cinto feito inteiramente de mamilos femininos. Apenas quando a polícia fez buscas no apartamento de Jeffrey Dahmer, 30 anos depois, os investigadores se depararam com uma casa de terror como essa.

Ed Gein nasceu em La Crosse, Wisconsin, em 27 de agosto de 1906, e era o segundo filho de Augusta e George Gein. Logo após seu nascimento a família se mudou para uma fazenda afastada, perto de Plainfield. Seu pai, George, era um beberrão irresponsável que trabalhava como curtidor e carpinteiro, enquanto Augusta era uma mulher extremamente religiosa que dominava a família e administrava uma mercearia em La Crosse.

Augusta instruiu o jovem Ed e seu irmão mais velho, Henry, a respeito da pecaminosidade das mulheres e do mal absoluto do sexo antes do casamento. Ela não aprovava que seus filhos tivessem amigos, nem que houvesse crianças por perto. Ed Gein cresceu, de maneira não surpreendente, um solitário sexualmente confuso, com uma grande predileção por livros e revistas escapistas. Mesmo quando adulto, Ed continuou a ter uma vida isolada trabalhando na fazenda ao lado de seus pais e irmãos. Enquanto essa situação continuava, Ed parecia ser inofensivo o suficiente. As coisas realmente saíram dos trilhos apenas quando os membros da família começaram a morrer.

"Ele era particularmente interessado em ler a respeito da primeira cirurgia de mudança de sexo."

Em 1940, George morreu e seus filhos começaram a fazer trabalhos informais na cidade para ajudar no sustento. Ed trabalhava como faz-tudo e até como babá, e as pessoas da cidade o consideravam amável e confiável. Então, em 1944, Henry morreu, com o benefício da percepção tardia, sob circunstâncias suspeitas. Ed e Henry estavam combatendo um incêndio em um brejo próximo quando os dois se separaram e, quando o fogo se apagou, Henry foi encontrado morto. O curioso foi que seu corpo estava em uma área que não havia queimado e sua cabeça estava machucada. A causa da morte, porém, foi registrada como asfixia por fumaça.

Roubo a túmulos

Sobraram na fazenda apenas Ed e sua amada mãe Augusta. Pouco mais de um ano depois, porém, ela também faleceu. Ela morreu em decorrência de um derrame cerebral, em 29 de dezembro de 1945, após uma discussão com um vizinho. A primeira reação de Ed foi pregar a porta do quarto de sua mãe, deixando-o exatamente como estava no dia em que ela morreu. Sua segunda reação foi começar a praticar roubos a túmulos. Ele se tornou fascinado por anatomia humana. Ele era particularmente interessado em ler a respeito da primeira cirurgia de mudança de sexo, feita por Christine Jorgensen,

O conteúdo da casa de Gein era uma bagunça macabra – um nítido contraste com o quarto de sua falecida mãe, que era imaculado.

O clássico filme Psicose *foi baseado em um livro inspirado pela história de Ed Gein.*

e até considerou fazer a operação. Então, em companhia de um morador local perturbado chamado Gus, ele começou a visitar cemitérios e pegar *souvenirs*, às vezes corpos inteiros, e, com maior frequência, partes selecionadas do corpo. Ele explorava a seção de obituários a fim de tomar conhecimento dos cadáveres femininos recentemente enterrados.

Semelhanças

Durante esses anos, Gein começou a fabricar suas macabras decorações domésticas, e finalmente suas expedições para roubar túmulos falharam em satisfazer sua obsessão estranha. Em dezembro de 1954, uma mulher de 51 anos, Mary Hogan, desapareceu no bar que ela administrava, em Pine

Grove, Wisconsin. Havia sangue no chão e um cartucho usado foi encontrado na cena. Gein estava entre os suspeitos potenciais, mas não havia evidências sólidas para conectá-lo, e a polícia não viu motivos para visitar sua casa.

Esse foi o primeiro dos únicos dois assassinatos que podem, sem dúvida, ser creditados a Gein. O próximo aconteceu três anos depois. Novamente a vítima foi uma mulher de cerca de 50 anos, e mais uma vez, era parecida com a mãe de Ed. Seu nome era Bernice Worden e, em 16 de novembro de 1957, ela foi raptada de sua loja de ferragens em Plainfield. Novamente, havia sangue no chão. Dessa vez, no entanto, a polícia tinha uma pista satisfatória de quem era o responsável. O filho da vítima disse a eles que Ed Gein havia convidado sua mãe para um encontro, e outro morador local se recordou que Ed disse que precisava comprar anticongelante na loja da vítima no dia em que ela morreu. Um recibo da compra do anticongelante foi encontrado na loja e a polícia decidiu fazer uma visita a Ed Gein.

O cadáver de Bernice Worden estava pendurado nas vigas. Sua cabeça foi removida, sua genitália retirada, e seu torso tinha uma fenda e estava estripado. Em uma investigação mais detalhada, eles encontraram sua cabeça transformada em um ornamento temporário, e seu coração estava dentro de uma panela sobre o fogão. Eles também descobriram uma pistola compatível com o cartucho encontrado na cena do assassinato de Mary Hogan.

Quando preso, Gein imediatamente confessou os assassinatos de Worden e Hogan, assim como seus roubos a túmulos. Um juiz considerou Gein incapaz para ser julgado e foi enviado a um hospital psiquiátrico. Enquanto isso, sua casa foi demolida para evitar que se tornasse alvo de cultos macabros.

Pouco depois, a imortalidade de Ed Gein foi assegurada quando o escritor local Robert Bloch escreveu um livro chamado *Psycho* [Psicose], inspirado pelo caso, e Alfred Hitchcock o levou para o cinema. Em 1968, Gein foi mais uma vez submetido a julgamento, mas novamente considerado insano. Ele terminou seus dias no hospital psiquiátrico, onde morreu de insuficiência respiratória, em 26 de julho de 1984.

Dennis Nilsen

Dennis "Des" Nilsen é um dos serial killers mais desconcertantes. Ele exibiu na infância poucos dos convencionais sinais de um futuro assassino; ele não torturava animais nem brincava com fogo. Quando ele matou não foi em furor sexual, mas enquanto suas vítimas dormiam. Ele as matou, disse famosamente, para que elas não o deixassem. Ele estava "matando por companhia". No entanto, o fato que perdura é que esse funcionário público gentil foi responsável por mortes violentas de pelo menos 15 homens.

Motivação

Seu caso é fascinante não apenas porque não se enquadra em um padrão, mas também porque, mais do que a maioria dos assassinos, o próprio Nilsen tentou compreender sua motivação. Ele ajudou o escritor Brian Masters a escrever sua biografia e escreveu sua autobiografia, assim como numerosas cartas à mão para a imprensa e os investigadores.

Dennis Andrew Nilsen nasceu na cidade portuária escocesa de Fraserburgh, em 23 de novembro de 1945 – outro serial killer a nascer durante o *baby-boom* pós-guerra. Seus pais eram Olav, um soldado norueguês que havia deixado a Noruega quando os nazistas a invadiram, e Betty, originária de uma família escocesa religiosa. Seu pai era um alcoólatra pesado que efetivamente abandonou Betty desde o início. Nunca houve um lar familiar: Betty e Dennis permaneceram na casa dos avôs maternos e o casal se divorciou em 1949.

A figura paterna na vida de Dennis foi seu avô, Andrew Whyte. Quando Whyte morreu, em 1951, foi um trauma marcante na vida de Dennis – ainda mais porque ele foi levado para ver o corpo de seu avô sem terem lhe dito que ele havia morrido. Essa visão inesperada do cadáver de seu avô é o evento que o próprio Nilsen considera como sendo a origem de sua posterior patologia sexual.

Em 1953, a mãe de Nilsen se casou novamente e teve outros quatro filhos. De maneira compreensível, ela tinha menos tempo para Dennis e ele se tornou uma criança solitária. Em 1961, aos 16 anos, ele optou por se alistar no exército, ser um soldado como seu ausente pai. Ele permaneceu no exército até 1972, trabalhando durante um período como açougueiro na

"Ele lavou o cabelo do cadáver e o colocou de volta na cama. Rapidamente ele tinha 'um novo tipo de colega de apartamento'."

corporação de fornecimento de comida. Dennis não teve experiências sexuais quando adolescente, mas estava cada vez mais convencido de que ele se sentia atraído por homens. Durante seu último ano no exército ele se apaixonou por um colega soldado. Porém, o homem em questão não era gay e não correspondeu ao sentimento de Nilsen – embora ele tenha consentido o pedido de ser filmado enquanto fingia estar morto.

O final de seu relacionamento foi um grande golpe para Nilsen, que então deixou o exército e treinava para ser policial – interessando-se particularmente por visitas ao necrotério. No entanto, o trabalho policial não lhe agradou, e depois de um ano ele o deixou e encontrou trabalho em uma agência de empregos em Soho, Londres, entrevistando pessoas que procuravam uma posição.

Matando por companhia

Naquela época, Soho era o centro da emergente cena gay de Londres, e Nilsen começou a mergulhar em um novo mundo de idas ao bar e caronas casuais. Porém, não importava qual satisfação sexual Nilsen tivesse, não era suficiente para contrabalançar um terrível sentimento de solidão. Isso diminuiu por quase dois anos, entre 1975 e 1977, quando ele dividiu um apartamento no norte de Londres com um homem chamado David Gallichan. Aparentemente eles não eram parceiros sexuais, mas dividiam tarefas domésticas, e adquiriram um cão e um gato. Porém, as diferenças de temperamento fizeram com que se separassem, e em 1977 Nilsen pediu para que Gallichan deixasse o apartamento.

A solidão voltou e se tornou insuportável para Nilsen. Em dezembro de 1978, Nilsen deu carona a um jovem irlandês em um bar – Nilsen sequer sabia o nome do homem. Mais tarde naquela noite, enquanto via seu mais novo caronista dormindo, previu que seria deixado pela manhã. Nilsen decidiu que não suportaria ser abandonado mais uma vez. Ele estrangulou o homem com uma gravata e depois o matou afogando-o em um balde com água. Ele lavou o cabelo do cadáver e o colocou de volta na cama. Rapidamente ele tinha o que mais tarde chamou de "um novo tipo de colega de apartamento".

Pouco depois, quando percebeu que tinha de fazer algo com o cadáver, Nilsen saiu e comprou um cutelo elétrico, mas não conseguiu cortar o corpo. Então, acabou por escondê-lo sob o assoalho, onde permaneceu por oito meses até que ele o pegasse e o queimasse em uma fogueira no jardim.

Pronto para matar novamente

Na época ele tinha certeza de que seria pego, mas ele não foi. E então, no final de 1979, ele estava pronto para matar novamente. Dessa vez, contudo, sua vítima planejada, um jovem chinês chamado Andrew Ho, escapou e foi à polícia. A polícia, porém, considerou o caso como um desentendimento entre namorados e falhou em não apresentar a queixa.

Apenas alguns dias depois, ele encontrou sua próxima vítima, um canadense chamado Kenneth Ockendon. Dessa vez, após estrangular o homem com um fio elétrico, Nilsen dissecou o corpo, usando as habilidades de açougueiro que havia adquirido no exército. Depois ele despejou parte do corpo no vaso sanitário e acionou a descarga, enquanto colocou outras partes sob o assoalho.

Durante os dois anos seguintes, Nilsen repetiu o padrão mais dez vezes. Os homens jovens que ele matou eram andarilhos ou garotos de programa; em apenas alguns casos Nilsen sabia seus nomes. Cada um deles foi estrangulado e dissecado, as partes do corpo foram levadas pela descarga do banheiro ou mantidas como troféus.

Em outubro de 1981, Nilsen decidiu mudar de casa. Alguma parte sã de seu cérebro decidiu sair de seu apartamento térreo para um apartamento no sótão, na esperança de que fosse mais difícil para ele descartar um corpo e, portanto, o impossibilitaria de matar novamente.

Durante o ano seguinte ou mais, Nilsen conseguiu matar mais três vezes, mas seus novos vizinhos de alojamento o traíram. Ele estava novamente despejando partes de corpos pela descarga do banheiro e, dessa vez, os encanamentos se recusaram a cooperar. Outro zelador do edifício chamou uma empresa para desentupir os encanamentos. Eles descobriram que o entupimento era devido à carne humana e rapidamente localizou o problema como originado no apartamento de Nilsen, que foi imediatamente preso.

Uma vez sob custódia, Nilsen chocou a polícia com uma confissão exaustiva. Ele foi condenado a prisão perpétua.

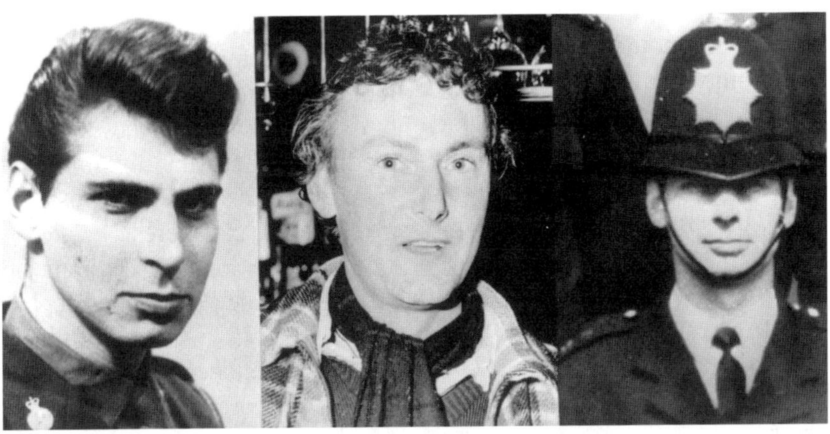

Nilsen no exército em 1961; o encanador que fez a repulsiva descoberta nos encanamentos; o policial Nilsen em 1973.

Peter Sutcliffe

Ninguém podia sequer acreditar que Peter Sutcliffe, de fala macia e escrupulosamente educado, era o "Estripador de Yorkshire", responsável pelos assassinatos brutais de pelo menos 13 mulheres, e mais sete outras deixadas seriamente feridas. Sua esposa Sonia não pôde, nem os pais de Sutcliffe – John e Kathleen. A polícia também, durante muito tempo. Não obstante, eles o interrogaram não menos do que nove vezes em conexão com o caso, antes que ele fosse finalmente pego.

Havia pouco na infância de Peter Sutcliffe que desse indício de sua consequente carreira nociva como o mais notório serial killer do Reino Unido desde Jack, o Estripador. Ele nasceu em Bingley, Yorkshire, em 2 de junho de 1946. Ele era muito mais próximo de sua mãe do que de seu pai, e era uma criança afeminada, com pouco interesse em esportes ou brincadeiras violentas. Havia também certa tensão entre seus pais – seu pai suspeitava de que sua mãe tinha um caso extraconjugal. De modo concebível, isso pode tê-lo levado a ser desconfiado em relação às mulheres.

Tímido com as mulheres

Sutcliffe certamente era tímido com as mulheres e não teve namorada até os 19 anos, quando conheceu Sonia, a filha de imigrantes tchecos. Eles começaram a sair juntos e finalmente se casaram oito anos depois. Nesse meio-tempo, Peter trabalhou em uma série de empregos. Durante um período, ele foi coveiro. Ele gostava de furtar troféus dos corpos que ele enterrava e aterrorizava seus colegas de trabalho com suas constantes referências à necrofilia. Era evidente que já havia algo seriamente perturbador a respeito da fantasiosa vida de Peter Sutcliffe. Isso também foi indicado por sua predileção em visitar um museu de cera especializado em exposições macabras de cadáveres.

Peter e Sonia se casaram em 10 de agosto de 1974. Pouco depois, em junho de 1975, ele foi habilitado como caminhoneiro de percursos longos. Então ele soube que, após um aborto, Sonia não poderia ter filhos. No mês seguinte, ele realizou seu primeiro ataque a uma mulher. Atacou Anna Rogulskyj, a feriu na cabeça com um martelo e depois

" Assassinatos de prostitutas eram tradicionalmente tratados com pouca insistência."

cortou seu corpo com uma faca. Ela sobreviveu ao ataque, assim como a segunda vítima de Sutcliffe, Olive Smelt. Ambas ficaram gravemente feridas e completamente traumatizadas.

Ferimentos-padrão

A vítima seguinte de Sutcliffe teve mais azar. Wilma McCann, uma prostituta de Leeds que ele atacou em outubro de 1975, foi sua primeira vítima a morrer, com uma combinação de golpes de martelo e facadas, ferimentos que eram sua marca registrada. No entanto, a polícia não ligou esse crime aos dois ataques anteriores. Assassinatos de prostitutas eram tradicionalmente tratados pela polícia e pela população com pouca insistência.

Algumas das vítimas de Sutcliffe. Parte superior, da esquerda para a direita: Vera Millward, Jayne MacDonald, Josephine Whittaker. Parte inferior, da esquerda para a direita: Jean Royle, Helga Rytka e Barbara Leach.

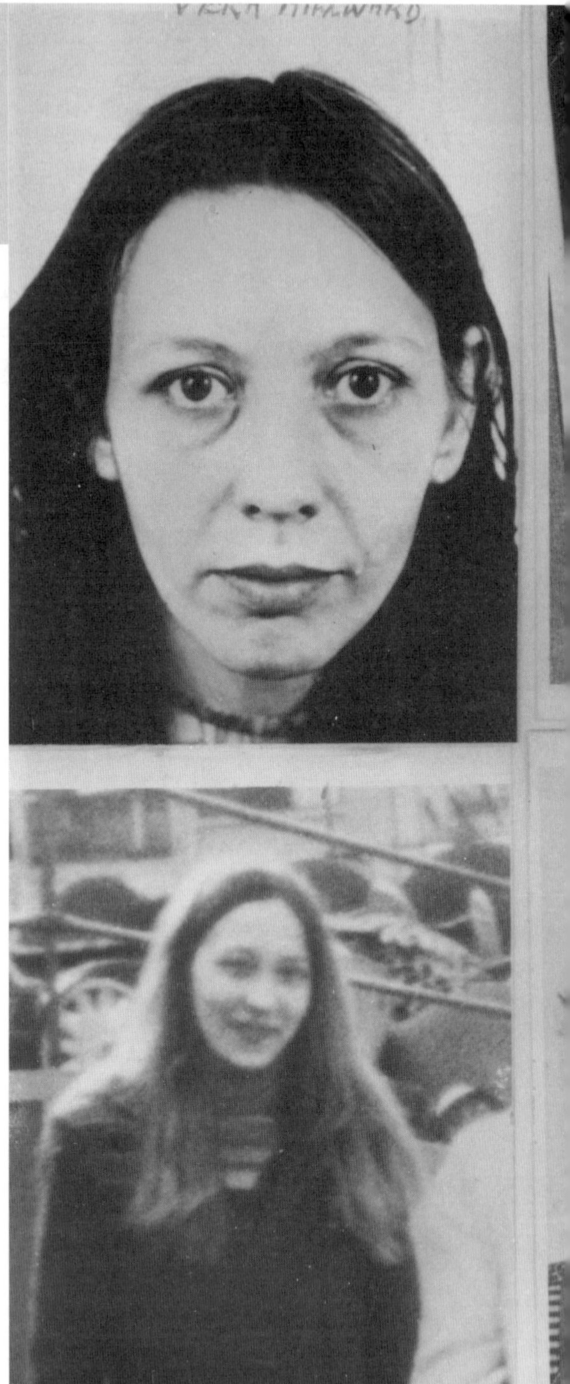

Portanto, quando as próximas três vítimas de Sutcliffe, mortas durante um período de 18 meses, foram confirmadas como sendo prostitutas estabelecidas em Leeds, o público em geral ficou escandalizado, mas ainda não assustado.

Tudo mudou em 16 de junho de 1977. Dessa vez a vítima foi uma estudante de 16 anos chamada Jayne MacDonald. De maneira desagradável, os jornais se referiram a ela como a primeira vítima "inocente", mas, a essa altura, todo o norte da Inglaterra estava em alerta porque o Estripador de Yorkshire era uma ameaça a todas as mulheres.

Durante os três anos seguintes, Sutcliffe matou mais oito mulheres e feriu gravemente várias outras. Algumas eram prostitutas, outras não. Os crimes foram cometidos em vários locais na região norte da Inglaterra. Como a taxa de homicídios cresceu, o Estripador de Yorkshire, como ele era agora conhecido, se tornou o alvo de uma das maiores investigações policiais jamais realizadas no Reino Unido.

Diversas pistas foram encontradas. O Estripador calçava sapatos de números entre 38 e 40, dirigia determinado tipo de carro, seu grupo sanguíneo era B; deixou uma cédula de dinheiro nova em uma das cenas do crime que poderia ser rastreada por meio da folha de pagamento de seu empregador. Todas essas informações levaram a Sutcliffe, razão pela qual ele foi interrogado repetidas vezes pela polícia. A cada vez, porém, ele era tão agradável e tão plausível em suas alegações que a polícia o liberava. A situação não era ajudada pelo grande número de informações falsas que estavam circulando a respeito do Estripador. A voz gravada em uma fita, que acreditavam pertencer a ele, tinha sotaque da região nordeste, que não correspondia com o modo de falar de Sutcliffe.

Finalmente pego

Porém, finalmente, a lei alcançou Sutcliffe. Em 2 de janeiro de 1981, ele foi detido enquanto estava sentado dentro de um carro com uma prostituta na cidade de Sheffield, no sul de Yorkshire. O policial verificou o registro de seu carro e descobriu que os números das placas do carro eram falsos. Ele prendeu Sutcliffe, mas não antes de Sutcliffe ter escondido um martelo e uma faca que carregava.

Enquanto estava sob custódia, a história de Sutcliffe como um suspeito de ser o Estripador veio à tona. O oficial que o prendeu decidiu retornar à cena do crime e encontrou as armas que Sutcliffe havia escondido. A essa altura,

Sutcliffe percebeu que o jogo estava terminando e iniciou a confissão. Seu reinado de terror que durou cinco anos estava no fim.

Sutcliffe foi condenado à prisão perpétua por 13 assassinatos. Logo em seguida, os psiquiatras o consideraram insano e ele foi transferido para Broadmoor. Ele foi atacado diversas vezes enquanto estava na prisão, culminando em uma agressão em 1997, na qual perdeu a visão de um dos olhos.

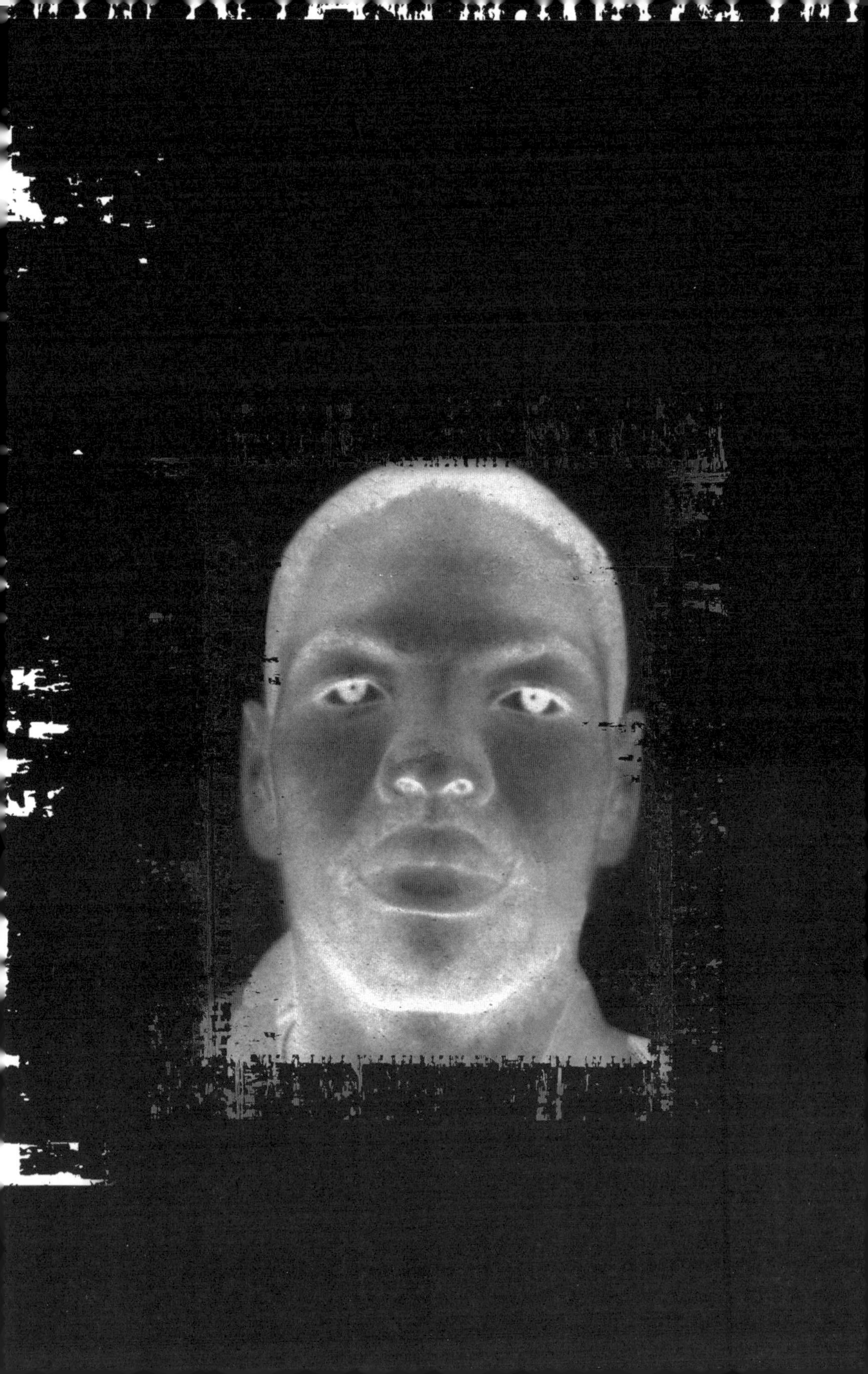

Estranguladores Sádicos

O estrangulamento é talvez o modo mais comum e certamente o mais íntimo de assassinar, que permite ao assassino literalmente espremer a vida da vítima. Sua intimidade tem um apelo particular para o assassino com motivação sexual, que geralmente estrangula as vítimas até a morte enquanto as estupra.

Os serial killers que estrangulam suas vítimas até a morte quase sempre as estupram, antes ou depois de matá-las. Os assassinos motivados por dinheiro ou por uma fúria misantrópica mais geral tendem a usar armas ou facas, métodos que os distanciam de suas vítimas. Em contraste, o estrangulador é um assassino que se releva no momento íntimo do assassinato.

Isso certamente serve para os estranguladores em série aqui incluídos. O mais famoso deles é Albert de Salvo, o "Estrangulador de Boston". De Salvo foi um estuprador cujo desejo de dominar sexualmente as mulheres consequentemente o levou a estrangular 11 mulheres no início dos anos 1960. Uma década antes, o serial killer Reginald Christie, também motivado pelo ódio em relação às mulheres, estrangulou sua esposa e diversas prostitutas em Londres. Esses assassinos usaram suas mãos para assassinar suas vítimas. Em contraste, Kenneth Bianchi e Angelo Buono, os "Estranguladores de Hillside", preferiam uma forma pouco menos íntima de estrangulamento (e mutilação), usando um garrote, e não suas mãos vazias.

É óbvio que, em muitos casos de assassinato, o estrangulamento acontece como a maneira mais imediata de matar uma vítima, em especial quando nenhuma outra arma está à disposição. No entanto, para um pequeno grupo de assassinos, parece ser parte integrante de seu perverso prazer de matar.

Carlton Gary

Os serial killers são comumente motivados por perversão sexual ou, ocasionalmente, por dinheiro. Talvez seja surpreendente que, mesmo em uma sociedade tão dividida como a norte-americana, o ódio racial raramente tenha sido um motivo para assassinatos em série. Na verdade, durante muito tempo, os investigadores criminais afirmaram que os serial killers apenas matavam dentro de seu grupo étnico. Isso pode ser, por via de regra, verdade, mas há exceções. Uma delas é Carlton Gary, o "Estrangulador da Meia" (também conhecido como "Colar de Chattahoochee"), um homem negro que matou sete mulheres brancas idosas durante um reinado de terror que durou nove meses, em sua cidade natal, Columbus, na Geórgia. Acredita-se que ele também seja o assassino de duas mulheres brancas idosas, em Albany, Nova York.

Carlton Gary nasceu em 15 de dezembro de 1952, em Columbus, Geórgia. Seu pai era um trabalhador da construção civil que não queria contato com o filho e não assumiu qualquer responsabilidade financeira pela criança. Gary apenas encontrou seu pai uma vez, quando tinha 12 anos.

Ódio

Sua mãe era excessivamente pobre e tinha uma vida nômade. Como resultado, Gary foi uma criança subnutrida e era com frequência deixado com sua tia ou tia-avó. Ambas trabalhavam como criadas de idosas ricas e brancas. Foi suposto que isso poderia ter levado Gary a sentir o ódio patológico em relação a mulheres mais velhas e brancas manifestado mais tarde. Na infância, Gary sofreu um sério trauma na cabeça durante a escola primária, quando perdeu a consciência em um acidente no parquinho. Lesões na cabeça são conhecidas como um fator comum no passado de muitos serial killers.

Durante a adolescência, Gary se tornou um usuário pesado de drogas, e entre as idades de 14 e 18 anos ele acumulou uma série de prisões por delitos, incluindo assalto, incêndio criminoso e agressão. Ele também conseguiu se casar e teve dois filhos com sua esposa, Sheila. Em 1970, ele se mudou para Albany, Nova York, onde tinha planos de estabelecer uma carreira de cantor, para a qual mostrou algum talento. Nesse meio-tempo ele continuou com suas atividades criminosas.

Carlton Gary aguarda sua hora no corredor da morte.

Os ataques

Em maio daquele ano uma mulher idosa chamada Marion Brewer foi assaltada e agredida em seu quarto no Hotel Albany. Dois meses depois, Nellie Farmer, de 85 anos, foi assaltada nas imediações de seu apartamento, e foi estrangulada até a morte. Após um terceiro ataque a uma mulher idosa, Gary foi preso. Descobriu-se que suas impressões digitais eram compatíveis com uma deixada na cena do assassinato de Farmer.

Gary admitiu ter participado de um assalto, mas afirmou que um cúmplice, John Lee Mitchell, foi o responsável pelo assassinato em questão. A polícia acreditou nele e incriminou Mitchell, apesar de não haver provas materiais que o ligassem ao crime. Gary mais tarde retirou sua afirmação e Mitchell foi solto em apelação; enquanto isso, Gary foi acusado de assalto, pelo qual foi condenado a um período na Onondaga County Correctional Institution, em Janesville, Nova York. Ele obteve liberdade condicional em 1975 e foi suspeito por ter cometido uma série de estupros em Syracuse antes de ser enviado de volta à prisão por violação de condicional. Ele escapou da custódia em 22 de agosto de 1977 e retornou para casa.

Em 16 de setembro, Ferne Jackson, de 60 anos, foi estuprada, espancada e estrangulada até a morte com uma meia de *nylon* em sua casa no distrito de Wynnton, Columbus. Nove dias depois, Jean Dimenstein, de 71 anos, foi morta de forma semelhante – assim como Florence Scheible, de 89 anos, assassinada em 21 de outubro e Martha Thurmond, de 69 anos, morta em 23 de outubro. Após cinco dias, o assassino que ficou então conhecido pela população aterrorizada como o Estrangulador da Meia, atacou novamente, estuprando e matando Kathleen Woodruff, de 74 anos. Dessa vez, nenhuma meia foi deixada na cena do crime.

Homem errado

Após quatro meses, o Estrangulador agiu novamente. Na noite de 12 de fevereiro de 1978, o assassino atacou Ruth Schwob, mas ela acionou um alarme ao lado da cama e o agressor fugiu. Ele desceu apenas dois quarteirões antes de invadir outra casa, estuprar e estrangular Mildred Borom, de 78 anos.

A polícia anunciou que eles suspeitavam que um homem negro havia cometido os assassinatos. A questão se agravou quando um homem que se referia a si como , ameaçou assassinar mulheres negras escolhidas se o Estrangulador não parasse. Mais tarde descobriu-se que se tratava de um homem negro tentando ocultar três assassinatos cometidos por ele, culpando justiceiros brancos. O Chefe foi preso em 4 de abril. A polícia suspeitava que ele também poderia ser o Estrangulador da Meia, mas essa esperança teve seu fim quando, em 20 de abril, o assassino matou sua última vítima, Janet Cofer, de 61 anos.

Oito meses mais tarde, após um assalto em Gaffney, Geórgia, Carlton Gary foi preso. Ele confessou e foi condenado a 21 anos de prisão por assalto à mão armada. Ele escapou da prisão em 1983 e permaneceu livre por mais de um ano antes de ser preso novamente. Novas provas surgiram, incluindo uma arma que foi rastreada de volta a Gary e uma possível impressão digital compatível que levou a polícia a acreditar que esse assaltante era também o Estrangulador da Meia.

Gary foi consequentemente preso e acusado de três assassinatos. Em agosto de 1986, ele foi julgado pelos crimes e condenado à morte. Ele está atualmente recorrendo da sentença. Até o momento há algumas discrepâncias preocupantes nas provas contra ele, conforme apresentado no julgamento; em particular, há alguns indícios de que Gary não tem o mesmo tipo sanguíneo do Estrangulador.

Kenneth Bianchi e Angelo Buono

É um equívoco comum que serial killers com motivação sexual sejam desajustados socialmente – perdedores confusos incapazes de encontrar outro tipo de gratificação. A verdade é mais sinistra. Muitos serial killers são aparentemente homens elegíveis que têm pouca dificuldade em seduzir mulheres. Os dois homens conhecidos como "Estranguladores de Hillside" são casos como esse. Kenneth Bianchi era um homem jovem de boa aparência com cerca de 25 anos, cuja namorada de longa data estava grávida quando seu alvoroço assassino começou. Seu comparsa, Angelo Buono, não era o ideal de beleza de ninguém, mas apesar disso era muito popular entre as mulheres. Porém, ambos conspiraram juntos a tortura, o estupro e o assassinato de 14 vítimas.

Adotado

Kenneth Bianchi nasceu em 22 de maio de 1951, em Rochester, Nova York. Sua mãe era uma prostituta que imediatamente o entregou à adoção. Três meses depois, ele foi adotado pelos Bianchi. Quando criança, ele costumava ter devaneios e tinha propensão a fantasiar e mentir. Apesar de um QI razoavelmente alto, ele teve resultados abaixo do normal na escola. Na tentativa de mudar isso, sua mãe o enviou a uma escola católica particular, mas seu pai morreu enquanto estava lá, e aos 13 anos ele teve de deixar a escola porque não havia dinheiro suficiente para pagar as mensalidades. Ainda assim, Bianchi parece ter absorvido sua educação moral; ele era visto como "certinho" na escola, não participando da contracultura dos anos 1960.

Imediatamente após deixar a escola ele teve um breve casamento que acabou quando sua esposa o deixou depois de apenas oito meses. Essa experiência certamente deixou Bianchi amargo. Ele estudou psicologia por pouco tempo na faculdade, mas depois abandonou e começou a trabalhar como vigia, usando o emprego como uma oportunidade de furtar itens das casas que deveria proteger.

Em 1975, sua vida seguiu seu curso e ele decidiu se mudar. Ele se dirigiu a Los Angeles, onde um primo mais velho estava então morando. O nome do primo era Angelo Buono e ele influenciou Kenneth Bianchi de maneira decisiva e extrema.

Kenneth Bianchi — finalmente preso.

Valores familiares

Angelo Buono também nasceu em Rochester, Nova York, em 5 de outubro de 1934, 17 anos antes de Bianchi. Seus pais se divorciaram quando ele era jovem e ele se mudou para a Califórnia com sua mãe, Jenny, em 1939. Buono era problemático desde cedo. Quando muito jovem, ele teve um interesse precoce em sexo. Na adolescência ele se vangloriava para seus colegas de classe a respeito de estuprar e sodomizar garotas. Ele roubava carros e consequentemente terminou em um reformatório. Em 1955, ele teve um rápido casamento com

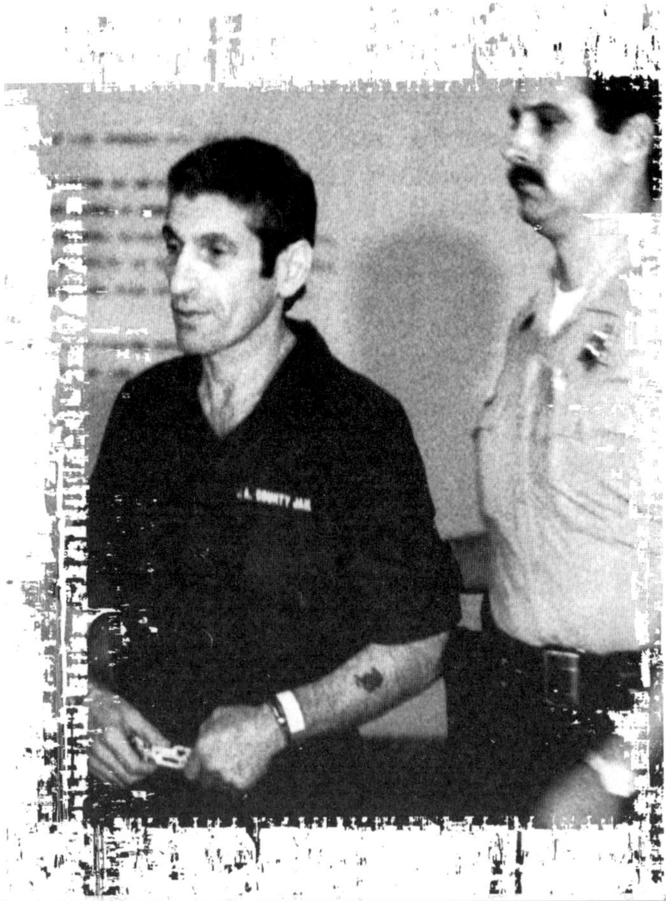

Angelo Buono morreu na prisão, em 2002.

"Na adolescência, Buono se vangloriava a respeito de estuprar e sodomizar garotas."

uma namorada do ensino médio depois que ela engravidou, mas a deixou quase imediatamente. Ele rapidamente casou mais uma vez, com Mary Castillo, com quem teve mais cinco filhos, antes de ela se divorciar dele em 1964 devido a seus constantes abusos sexuais e físicos. No ano seguinte ele estava casado novamente, com uma mãe solteira de duas crianças chamada Nannette Campino. O casal teve mais dois filhos juntos, até ela finalmente se divorciar dele em 1971, quando Buono, além de ter abusado dela, estuprou sua filha.

Durante esse período, Buono se estabeleceu como tapeceiro de automóveis, tendo seu próprio negócio. De maneira estranha, apesar de sua aparência física não atraente e seu terrível histórico de comportamento abusivo, as mulheres pareciam atraídas magneticamente por ele. Ele ostentava cabelos tingidos e joias reluzentes; em essência, ele se parecia com um cafetão – e essa foi justamente a carreira paralela para a qual ele estava planejando mudar quando seu primo Kenny apareceu, vindo do leste.

> "Los Angeles tinha muitos assassinatos para que as mortes de três prostitutas merecessem tanta atenção."

Kenny e Angelo se entenderam desde o começo. Kenny tinha um leve ressentimento quanto às mulheres; Angelo o mostrou como expressar isso. Ele começou a ensinar seu primo a fingir ser um policial, para chantagear as prostitutas por sexo. Kenny era um aluno ávido e feliz por estar com Angelo no plano de cafetinagem. A dupla conheceu duas fugitivas, Sabra Hannan e Becky Spears, e as colocou nas ruas até que Becky e depois Sabra conseguissem fugir.

Enquanto isso, Kenny estava novamente trabalhando como vigia e conseguiu uma nova namorada, Kelli Boyd, que havia engravidado recentemente. Kenny estava chateado pela perda da renda vindo da cafetinagem, que o impedia de impressionar Boyd com sua riqueza. Com Angelo, ele decidiu recrutar garotas novas. Eles encontraram uma prostituta chamada Deborah Noble, que se ofereceu a ajudá-los. Porém, quando ela tentou desviar dinheiro, eles decidiram ensinar uma lição.

Primeiro assassinato

Incapazes de encontrar Noble, eles se depararam com sua amiga, uma prostituta chamada Yolanda Washington, e decidiram descontar a raiva nela. Independentemente de sua intenção inicial, eles acabaram por estuprá-la, estrangulá-la com um garrote e se desfizeram do corpo em um cemitério. É evidente que esse primeiro crime motivou Bianchi e Buono. Suas próximas vítimas foram mais duas prostitutas, Judy Miller e Lissa Kastin, assassinadas no decorrer das duas semanas seguintes. O corpo de Kastin foi encontrado em 6 de novembro, mas houve pouca repercussão pública – Los Angeles tinha muitos assassinatos para que as mortes de três prostitutas merecessem tanta atenção.

Tudo isso mudou mais tarde naquele mesmo mês, durante a semana de Ação de Graças, quando mais cinco corpos foram encontrados nas encostas de Los Angeles.

Nenhuma era prostituta: eram garotas de classe média, sendo uma de apenas 12 anos. Todas haviam sido sequestradas, estupradas e asfixiadas com o garrote – a marca registrada –; em muitos casos havia sinais de tortura. Nesse momento Los Angeles estava em alerta vermelho também.

Passaram-se dez dias até que a dupla mortal agisse novamente. Sua próxima vítima foi outra prostituta. Kimberly Martin havia saído para encontrar um cliente em 9 de dezembro; seu corpo foi descoberto na encosta na manhã seguinte. A vítima seguinte, Cindy Hudspeth, foi encontrada em 16 de fevereiro; o corpo estuprado e estrangulado foi encontrado no porta-malas de seu carro, que foi empurrado em um desfiladeiro.

A polícia prosseguiu nas investigações, mas parecia não chegar a lugar algum. Los Angeles segurava a respiração, mas nada acontecia. Os meses se passaram e o Estrangulador de Hillside parecia ter se retirado. Talvez se tratasse apenas de medo da parte de Bianchi e Buono; talvez estivesse ligado com o fato de que a namorada de Bianchi havia dado à luz seu bebê em 1978 e ele estivesse envolvido em assuntos domésticos. Não importa a razão, a dupla parou de matar – mas apenas por um período.

Evidência emergente

Mais tarde naquele ano, Bianchi se mudou com sua nova família para Bellingham, Washington, e encontrou trabalho como vigia. Um ano se passou e então o impulso assassino o tomou novamente. Ele atraiu duas jovens, Diane Wilder e Karen Mantic, para uma casa que ele estava vigiando, as estuprou e matou. Dessa vez, contudo, Bianchi rapidamente surgiu como suspeito e foi preso. Uma vez preso, evidências adicionais começaram a surgir para ligá-lo aos assassinatos de Hillside.

Passaram-se dois anos até que o caso fosse julgado, período em que Bianchi convenceu uma tiete de serial killer chamada Veronica Compton a cometer um assassinato por ele, com a intenção de sugerir que o Estrangulador ainda estava solto. A trama sombriamente falhou e Compton foi presa.

Finalmente, o caso foi à corte. Bianchi e Buono foram considerados culpados e condenados a prisão perpétua. Buono morreu de causas desconhecidas em 2002. Bianchi continua a cumprir sua sentença.

Reginald Christie

A Inglaterra deu ao mundo o serial killer definitivo: Jack, o Estripador. Porém, depois que o monstro Vitoriano desapareceu de vista, relativamente poucos assassinos em série seguiram seus passos. Talvez porque a vida e os crimes imorais de Reginald Christie prenderam tanto a imaginação do público nos anos 1950, até mesmo inspirando um longa-metragem intitulado, assim como o clássico livro de Ludovic Kennedy inspirado no caso, *O Estrangulador de Rillington Place*.

Reginald Christie morou durante 15 anos no endereço de Rillington Place, número 10, no oeste de Londres, até sua súbita partida em 1953 – explicada quando o zelador encontrou três cadáveres em um armário fechado com tábuas, mais um sob o assoalho e outros dois no jardim. Os vizinhos, segundo boatos, ficaram atordoados. Christie não era um homem adorado por todos, sendo um tipo intrometido e esnobe, mas não era o ideal de um assassino em série.

Enforcado por engano?

O endereço já tinha má reputação. Apenas três anos antes, outro zelador chamado Timothy Evans – que havia alugado o apartamento na cobertura enquanto Christie e sua esposa alugaram o do térreo – foi condenado por assassinar sua filha, ainda bebê, e era suspeito de assassinar sua esposa. Há certeza de que a mesma casa em mau estado não poderia ter sido o lar de dois assassinos distintos? Ou será que Timothy Evans foi enforcado por engano e que o verdadeiro assassino era na verdade Reginald Christie?

Reginald Christie nasceu perto de Halifax, em Yorkshire, em 8 de abril de 1898. Ele teve um pai autoritário e uma mãe com tendência para ser superprotetora. Foi uma combinação que transformou Reginald em um hipocondríaco carente de atenção; algo que permaneceu durante sua vida. Uma de suas experiências formadoras foi ver, inesperadamente, o corpo de seu avô morto quando tinha oito anos (uma experiência muito semelhante que também influenciou profundamente o serial killer Dennis Nilsen).

Solitário

Christie não se integrava facilmente com outras crianças e se tornou uma espécie de solitário.

"Seu casamento havia falhado sexualmente e ela sabia que ele visitava prostitutas."

Em sua adolescência, ele teve uma primeira experiência sexual desastrosa com uma garota que riu dele quando ele não conseguiu ter uma ereção. Esse foi o começo de seu problema com a impotência, que durou a vida toda – para o qual ele finalmente encontrou uma solução bastante drástica.

Christie deixou a escola em 1913 e teve vários empregos antes de se alistar no exército, em 1916, durante a Primeira Guerra Mundial. Ele serviu como sinaleiro e foi enviado à frente de batalha em 1918, quando sofreu com os efeitos de um ataque com gás de mostarda. Após suas experiências na guerra, ele teve uma reação nervosa que o levou a alegar cegueira durante vários meses e ficou incapaz de falar por um longo período. Não obstante, em 1919, ele conheceu Ethel Simpson e se casou com ela no ano seguinte.

Ele conseguiu um emprego de carteiro, mas foi logo demitido e enviado à prisão durante três meses por roubar cartas. Pouco depois de ser solto, incapaz de conseguir trabalho em sua cidade, ele se mudou para Londres. Ethel permaneceu com sua família em Sheffield; seu casamento havia falhado sexualmente e ela sabia que Christie visitava prostitutas.

Durante a década seguinte, Christie desapareceu em um mundo marginalizado de Londres de pequenos crimes e prostituição. Ele morou com uma prostituta durante um período e, em 1929, foi condenado a seis meses de prisão após atacá-la com um taco de *cricket*. Ele recebeu outra sentença de prisão, em 1933, depois de roubar um carro que pertencia a um padre que ele conhecia. Enquanto esteve na prisão, dessa vez, ele escreveu para Ethel e, certamente por ser muito solitário, ela

Corpos encontrados no jardim do número 10, da Rillington Place, são levados para fora.

concordou em ir a Londres e viver com ele quando fosse solto.

Christie se reinventou como um cidadão sóbrio e respeitável, tornando-se um Guarda Especial durante a guerra – porém, ele continuou a frequentar prostíbulos escondido de Ethel. Em 1938, o casal se mudou para Rillington Place, em Notting Hill.

Indivíduo respeitável

Desconhecido por todos, esse respeitável indivíduo agora havia cometido seus dois primeiros assassinatos durante os anos de guerra. Sua primeira vítima foi uma imigrante austríaca chamada Ruth Fuerst. Ele a estrangulou até a morte enquanto a estuprava, um ato que ele considerou exclusivamente satisfatório e o praticou muitas vezes mais. Sua vítima seguinte foi Muriel Eddy, uma mulher que ele conheceu no trabalho. Ele a enganou, fazendo-a inalar monóxido de carbono, e depois, quando ela perdeu a consciência, ela a estuprou e estrangulou. Ambas as mulheres foram finalmente enterradas no jardim dos fundos.

O final da guerra pareceu ter interrompido o furor assassino de Christie por um momento. O próximo assassinato com o qual ele foi associado não ocorreu até 1949. Dessa vez a vítima foi Beryl Evans, a esposa do zelador Timothy Evans, morador do andar superior. Há diversos relatos conflitantes a respeito de sua morte. O mais provável é que Christie fingiu ser capaz de realizar um aborto nela. Ele tentou sedá-la com gás e quando isso não funcionou, ele a golpeou até que ficasse inconsciente e a estrangulou até a morte. Antes disso, ele também assassinou seu bebê, Geraldine, e depois incriminou Timothy intencionalmente.

No julgamento que se seguiu, em 1953, o júri acreditou no aparentemente respeitável Christie, e não no analfabeto Evans. Evans foi considerado culpado e enforcado; Christie foi liberado para continuar sua carreira de assassino.

Passaram-se mais três anos até que ele atacasse novamente. Em dezembro de 1952, ele disse aos vizinhos que sua esposa Ethel havia retornado a Yorkshire. Na verdade, ele a havia estrangulado e a colocado sob o assoalho.

Durante as seis semanas posteriores ele levou três prostitutas até sua casa – Rita Nelson, Kathleen Maloney e Haroldina McLennan. Ele as intoxicou com gás, estuprou e estrangulou, prendendo-as em um armário. Então, sem dinheiro para o aluguel, ele simplesmente foi embora e começou a dormir na rua. Enquanto isso, o novo zelador de Rillington Place fez uma descoberta assustadora. O rosto de Christie logo estava retratado em todos os jornais do país como o criminoso mais procurado da Inglaterra.

Isso foi pouco antes de um policial reconhecê-lo e prendê-lo. Sob custódia, Christie confessou seus crimes, embora nunca admitisse o assassinato da pequena Geraldine. Seus advogados de defesa não tinham outra alternativa a não ser alegar insanidade. O júri, porém, não se convenceu e Christie foi devidamente considerado culpado. Ele foi estrangulado em 15 de julho de 1953.

Albert DeSalvo

O caso do "Estrangulador de Boston" é um dos mais duradouramente misteriosos nos anais dos assassinos em série. O que se tem por certo é que entre junho de 1962 e julho de 1964, 11 mulheres foram assassinadas na região de Boston – todas estupradas e estranguladas. A maioria das pessoas, na época, supôs que um único serial killer estava à solta e o apelidou de Estrangulador de Boston. Outros, inclusive muitos investigadores da polícia, pensaram que havia dois assassinos, pois o primeiro grupo de vítimas era composto inteiramente por mulheres com idades entre 55 e 75 anos,

enquanto cinco dos últimos seis morreram durante a adolescência ou com aproximadamente 20 anos. Esses últimos assassinatos também foram significativamente mais violentos que os demais. Por essa razão, alguns concluíram que havia um primeiro assassino aficionado por mulheres mais velhas (talvez motivado por um ódio em relação à sua mãe), seguido de um assassino "sósia" que tinha o mesmo *modus operandi*, mas que tinha como alvo mulheres mais jovens.

Contudo, toda essa especulação acabou quando, no início dos anos 1960, um homem chamado Albert DeSalvo, que havia recentemente sido preso por uma série de estupros, confessou todos os 11 assassinatos, assim como outros que não foram anteriormente atribuídos ao Estrangulador.

Abusado fisicamente

Albert DeSalvo nasceu em Chelsea, Massachusetts, em 3 de setembro de 1931. Ele era o mais velho de seis filhos de Frank e Charlotte DeSalvo. Frank DeSalvo era um homem violento que administrava abusos físicos frequentes em sua família, tendo sido preso duas vezes antes de Charlotte finalmente se divorciar dele, em 1944. Albert se tornou um adolescente problemático, preso repetidas vezes por arrombamento e invasão, agressão e outras ofensas menores.

Em 1948, aos 17 anos, Albert se alistou no exército e foi sediado na Alemanha. Enquanto vivia lá, ele conheceu e se casou com uma alemã, Irmgard Beck, que veio com ele quando transferido de volta aos Estados Unidos, para Fort Di, em Nova Jérsei. Em Fort Dix, DeSalvo foi acusado de molestar uma garota de nove anos, mas o caso foi deixado de lado quando a mãe desistiu de prestar queixa. Porém, o acontecimento resultou em dispensa do exército em 1956.

Exigência sexual

Nesse momento, Albert e Irmgard, mais seu bebê – Jody –, se mudaram para Massachusetts. Durante alguns anos seguintes, DeSalvo trabalhou em uma série de empregos, e foi geralmente considerado um homem agradável por seus colegas de trabalho. Nem tudo estava bem: ele foi preso diversas vezes por roubo e havia uma considerável tensão sexual entre ele e sua esposa. Irmgard estava pouco entusiasmada sexualmente depois que sua filha nasceu com uma doença hereditária, e ela estava com medo de ter outra criança portadora de deficiência. Albert, enquanto isso, exigia sexo de sua esposa cinco ou seis vezes por dia.

"DeSalvo foi acusado de molestar uma criança de nove anos, mas o caso foi deixado de lado quando a mãe desistiu de prestar queixa."

Esse comportamento sexual maníaco logo colocou DeSalvo em apuros. Durante o início dos anos 1950, rumores começaram a surgir a partir de mulheres de Massachusetts sobre um "Homem Medida": um homem que afirmava ser de uma agência de modelos e convencia mulheres a deixá-lo passar sua fita métrica em todo o corpo. Quando DeSalvo foi mais uma vez preso por roubo, em 17 de março de 1960, ele surpreendeu a polícia ao confessar que era o Homem Medida.

Amostras de DNA extraídas de Mary Sullivan, uma das vítimas de Albert DeSalvo, não eram compatíveis com a do assassino, o que resultou em teorias sobre Nassar.

Devido à falta de violência envolvida em seu crime, DeSalvo recebeu uma sentença relativamente branda de dois anos. Com a pena reduzida por bom comportamento, ele foi solto depois de 11 meses. Longe de ensiná-lo uma lição, porém, seu período na prisão parecia tê-lo transformado em um predador mais agressivo. Durante os dois anos seguintes ele estuprou centenas de mulheres (300 de acordo com estimativas da polícia e 2.000 segundo seu próprio cálculo exagerado), com frequência cometendo mais de um estupro no mesmo dia. Ele ficou conhecido como o estuprador "Homem Verde", pois geralmente realizava seus ataques vestido com roupas de trabalho de cor verde.

Esses estupros ocorreram durante o mesmo período que os assassinatos do Estrangulador de Boston, mas a polícia não viu ligação entre ambos naquela ocasião.

Em 3 de novembro de 1964, DeSalvo foi preso por suspeita de ser o estuprador Homem Verde, após uma testemunha fornecer à polícia uma descrição que os fizeram se recordar do Homem Medida. DeSalvo prontamente confessou e foi enviado ao Bridgewater State Hospital para exames psiquiátricos. Quando estava lá, ele confessou primeiro a um colega de prisão, George Nassar, e em seguida para a polícia, que também era o Estrangulador de Boston.

A polícia estava muito satisfeita em ter recebido "de mão beijada" o Estrangulador dessa maneira. No entanto, vários problemas persistiram. Em particular, nenhuma das testemunhas que haviam visto o Estrangulador de Boston, incluindo sua única vítima que sobreviveu, foram capazes de reconhecer DeSalvo em uma fila de suspeitos. Ao final, DeSalvo, representado pelo famoso advogado F. Lee Bailey, fez um acordo com a polícia que o levou a receber uma sentença de prisão perpétua pelos estupros cometidos pelo Homem Verde, mas sem nunca ser formalmente acusado dos assassinatos do Estrangulador.

Em novembro de 1973, DeSalvo foi esfaqueado até a morte por um colega de prisão. Porém, sua morte não colocou um fim nas especulações. Muitas pessoas acreditavam que DeSalvo apenas confessou os assassinatos como parte de um acordo feito com George Nassar, por meio do qual Nassar reclamaria a recompensa por encontrar o Estrangulador de Boston e daria metade do dinheiro para a família de DeSalvo, para que pudessem se sustentar enquanto ele estivesse na cadeia. Atualmente, porém, o consenso dos especialistas que passaram tempo significativo com DeSalvo, é que o homem aprisionado como sendo o Homem Verde era, de fato, o lendário Estrangulador de Boston.

O advogado F. Lee Bailey, segurando aqui uma foto de DeSalvo sob custódia, se tornou famoso por assumir casos de grande repercussão, como o do Estrangulador de Boston.

Moses Sithole

Moses Sithole é o mais notório serial killer que aterrorizou a África do Sul nos anos após o *apartheid*. Ele foi acusado de 38 estupros seguidos de assassinato, cometidos entre o período de janeiro e outubro de 1995. As matanças foram apelidadas de "Assassinatos ABC", por causa das letras iniciais das três comunidades nas quais a maioria dos crimes foram cometidos: Atteridgeville, Boksburg e Cleveland.

Apartheid

A experiência de crescer sob o regime do *apartheid*, sem dúvida, transformou Sithole em um assassino. As leis do *apartheid* fizeram com que fosse extraordinariamente difícil para as famílias viverem juntas; com os homens tendo que viajar para encontrar trabalho, e mulheres e crianças enviadas a regiões sombrias em cantos remotos do país. Sithole nasceu nessas circunstâncias, no começo dos anos 1960, fora de Joanesburgo, mas sua mãe logo desistiu da luta para criá-lo, e o entregou a uma série de orfanatos.

A era *apartheid* sul-africana não se preocupou muito em dar atenção a sua população negra, portanto há pouca confirmação imparcial a respeito dos primeiros anos da vida de Sithole. Por iniciativa própria, ele foi preso por estupro na adolescência – injustamente, afirmou – e passou sete anos na cadeia. Mais tarde ele alegou que esse período na prisão o transformou em um assassino, justificando seus crimes ao dizer que todas as mulheres que ele assassinou o faziam se lembrar da mulher que havia lhe acusado falsamente de estupro muitos anos antes.

No entanto, os fatos contam outra história. Para a maioria das pessoas, Moses Sithole parecia ser um indivíduo gentil, de fala macia. Inacreditavelmente, na ocasião de seus crimes, Sithole estava dirigindo uma organização que ele havia fundado, chamada Youth Against Human Abuse, dedicada à irradicação do abuso infantil. Mesmo que ele militasse para ajudar os outros, seu próprio método para lidar com as cicatrizes da infância, porém, era acabar com as vidas dos inocentes. De fato, ele usava sua aparente respeitabilidade como um meio de atrair vítimas. Todas eram mulheres jovens que ele convencia de encontrá-lo para

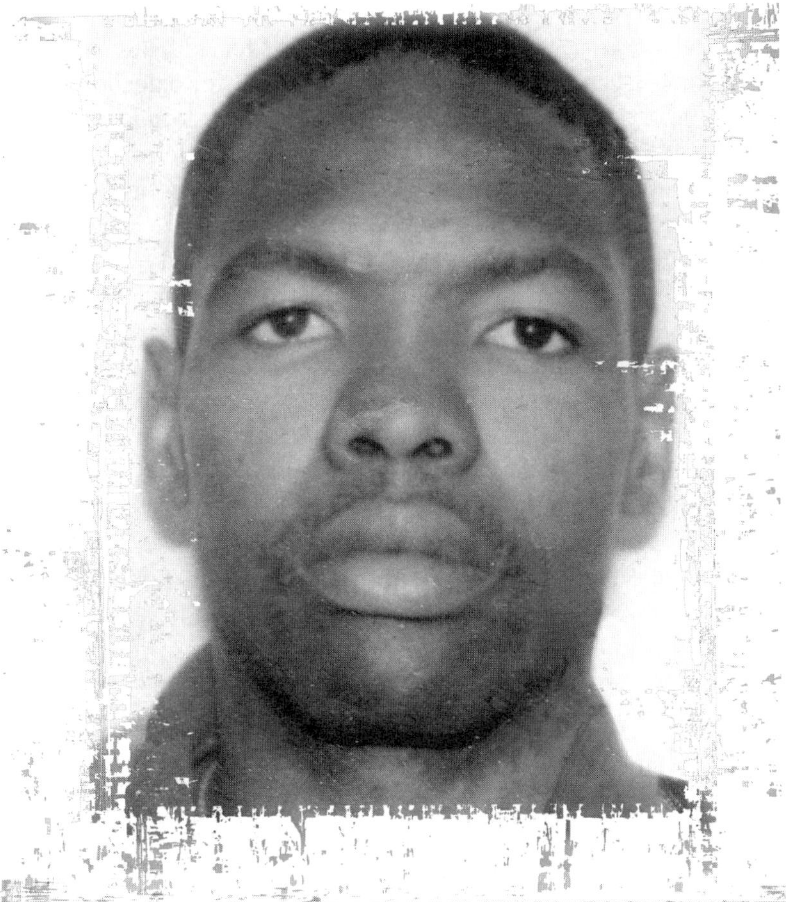

"Ele usava sua aparente respeitabilidade como um meio de atrair suas vítimas."

que pudessem fazer entrevistas de empregos em sua organização. Em vez disso, ele as levava para campos afastados, as espancava, estuprava e assassinava, geralmente estrangulando-as com as roupas íntimas delas próprias. Depois, ele frequentemente escrevia a palavra "vadia" em seus cadáveres antes de se desfazer deles.

O primeiro conjunto de assassinatos ocorreu na região de Atteridgeville, próximo a Pretoria, uma comunidade que foi extraordinariamente assolada por diversos serial killers no decorrer dos anos.

Assassino metódico

Sithole era um assassino relativamente bem organizado e, depois de um período, mudou o foco de suas operações, primeiro para Boksburg, no sudeste de Joanesburgo, e finalmente mais longe, ao sul de Cleveland. A essa altura, os assassinatos começaram a atrair a atenção nacional. O Presidente Nelson Mandela foi pessoalmente a Boksburg para pedir ajuda. No entanto, isso não produziu o resultado que a polícia necessitava. Foi a arrogância do assassino que o fez.

Em outubro de 1995, Sithole fez uma ligação anônima para o jornal de Cape Town, *The Star*, e os disse que os assassinatos eram sua vingança por ter sido preso injustamente. Ele prosseguiu e afirmou que havia matado 76 vítimas, duas vezes mais do que se tinha conhecimento. Finalmente, a fim de provar que era o assassino, ele deu direções para o local onde um dos corpos havia sido deixado.

A ligação forneceu pistas suficientes para a polícia estreitar os inquéritos até o ex-condenado e jovem trabalhador Moses Sithole, que havia abandonado recentemente seu emprego. Uma denúncia anônima os levou até o esconderijo de Sithole em Joanesburgo. Ao ser descoberto, ele atacou os policiais com uma machadinha, ferindo um deles. Em resposta, ele foi baleado e ferido, depois preso e levado a um hospital, onde seus ferimentos foram tratados. Ele descobriu ser portador do vírus HIV.

Ainda havia poucas evidências diretas que o ligassem aos assassinatos, mas quando ele foi levado sob custódia, provou ser um exibido inveterado. Ele não apenas se vangloriava para seus colegas a respeito do número de assassinatos que havia cometido, mas também tinha um orgulho fora do normal acerca do fato de ter matado as vítimas com suas próprias mãos, usando apenas suas roupas para estrangulá-las. Ao saber disso, a polícia aparelhou alguns de seus colegas de prisão com câmeras escondidas e dispositivos para gravação, e eles conseguiram registrar em fita as ostentações de Sithole. Com essas fitas foi possível dar prosseguimento, graças às suas muitas evidências, quando o caso finalmente foi a julgamento.

Após vários atrasos por causa da saúde debilitada de Sithole, ele foi finalmente acusado de 38 assassinatos, 40 estupros e seis assaltos. Em 6 de dezembro de 1997, ele foi condenado a 2.410 anos de prisão. Isso foi considerado um exagero para um homem que a essa altura tinha AIDS em estágio avançado, mas o juiz, um defensor da pena de morte, quis agir propositalmente. Até o verão de 2004,* porém, Sithole ainda estava vivo na prisão C-Max, em Pretoria, e, de acordo com boatos, fazia um curso de escrita por correspondência, para que ele pudesse contar sua história de vida com suas próprias palavras.

*N.T.: A data se refere ao período em que este livro foi lançado. De acordo com informações encontradas na internet, Moses Sithole permanece preso.

Exterminadores da Periferia

Muitos serial killers agem nos níveis mais inferiores da sociedade. Os assassinos podem ter diferentes origens, desde vagabundos até profissionais da classe média, mas muitas vezes suas vítimas são escolhidas entre homens, mulheres e crianças das camadas inferiores da sociedade. Os motivos são óbvios: se um assassino mata uma mulher que ostenta uma posição alta, uma imensa caçada será imediatamente iniciada. Se em vez disso ele ataca prostitutas de rua, a lamentável verdade é que ele provavelmente matará meia dúzia antes que alguém ao menos perceba.

Veja os exemplos aqui retratados. O serial killer Robert C. Hansen apanhou prostitutas da periferia de Anchorage, Alasca, as levou até o deserto e as trucidou lá. Ninguém percebeu até uma delas escapar e chamar a polícia. De modo semelhante, durante muitos anos, Carroll Edward Cole vagou pela camada mais inferior da sociedade norte-americana, matando repetidas vezes, a maioria delas enquanto assassino e vítima estavam completamente alcoolizados. Juan Corona, um dos mais produtivos de todos os serial killers, encontrou uma classe de vítima ainda mais invisível – os migrantes que trabalhavam em sua fazenda na Califórnia. Vinte e cinco deles foram enterrados em seu pomar e ninguém suspeitou de algo até um vizinho perceber um buraco suspeito que havia sido cavado em sua propriedade.

A verdade assustadora é que, em qualquer época, há muitos exterminadores da periferia agindo ao redor do mundo, tirando as vidas de pessoas cuja ausência nunca será sentida. Somente em uma sociedade que respeita cada indivíduo com igualdade, seja rico ou pobre, poderemos ter a esperança de aniquilar esse tipo de serial killer.

Juan Corona

Quando Juan Corona foi acusado de 25 assassinatos, em janeiro de 1973, ele entrou para os livros de história como o serial killer mais produtivo da história norte-americana. Desde então, porém, seu recorde terrível vem sendo superado e o nome de Corona quase se tornou tão obscuro quanto este em si, que está sofrendo de demência.

Imigrante bem-sucedido

Juan Corona nasceu no México, em 1934. Assim como muitos milhares de seus compatriotas, ele se mudou para o norte da Califórnia para encontrar trabalho, nos anos 1950. Em comparação com a maioria de seus colegas imigrantes mexicanos ele se saiu bem. Durante os anos ele firmou raízes, se casou e teve quatro filhos, estabelecendo sua própria fazenda em Yuba City, além de Sacramento, no norte da Califórnia. Ele se especializou em fornecer mão de obra para outros fazendeiros e ranchos da região. De fato, ele agia como um intermediário entre novas gerações de imigrantes desesperados – legais e ilegais – em busca de trabalho nos campos, e seus possíveis empregadores. Os migrantes aguardavam em filas nas primeiras horas da manhã e Corona aparecia em um caminhão oferecendo trabalho.

Era uma vida dura, mas estável, e foi apenas incomodada brevemente quando, em 1970, houve um violento incidente no café que pertencia ao irmão homossexual de Corona, Natividad. Um jovem mexicano foi atacado brutalmente com um facão. O jovem acusou Natividad de ser o agressor. Natividad voltou rapidamente para o México, e o caso foi logo esquecido.

Esquecido, quer dizer, até um ano depois. Em 19 de maio de 1971, um dos vizinhos de Juan Corona, um fazendeiro nipo-americano que havia contratado alguns trabalhadores de Corona, notou que um buraco havia sido cavado em sua propriedade. Desconfiado, ele pediu para que a polícia investigasse. Ao escavar o buraco eles encontraram um corpo, que foi comprovado como sendo de um andarilho chamado Kenneth Whitacre. Whitacre havia sido esfaqueado no peito e sua cabeça quase se partiu em duas, por causa de golpes de um facão ou instrumento cortante parecido. Foi encontrada literatura gay com o

corpo, o que levou a polícia a suspeitar de uma motivação sexual.

Quatro dias depois, trabalhadores de um rancho próximo descobriram um segundo corpo, de um andarilho chamado Charles Fleming. A essa altura, a polícia começou a investigar a área intensamente. Durante os nove dias seguintes eles descobriram um total de 25 corpos, a maioria morta com facas e facões, seguindo o mesmo padrão: um profundo ferimento no peito e dois cortes na nuca, em formato de cruz. Além disso, os corpos foram todos enterrados com os rostos voltados para cima, com as mãos sob as cabeças e as camisas sobre os rostos. Em alguns, mas não todos, havia evidência de atividade homossexual recente.

Taxa de assassinatos fora do controle

O que impressionava não era apenas o número de vítimas, mas o fato de que nenhum dos corpos estava enterrado há mais de seis semanas. Quem quer que tivesse as matado, estava em meio a uma incomum devassidão assassina, matando em uma taxa de mais de uma vítima a cada dois dias. Ninguém se queixou da falta dos mortos; de fato, quatro dos 25 nunca foram identificados; o restante eram trabalhadores migrantes, andarilhos e vagabundos da periferia. Seja quem for que os tenha escolhido para matá-los, obviamente era um bom juiz de pessoas dos estratos inferiores, capacitado para identificar aqueles que caíram fora da rede de segurança.

A polícia rapidamente encontrou um suspeito: Juan Corona. Para começar, todos os corpos haviam sido enterrados perto da propriedade de Corona. Em segundo lugar, duas vítimas tinham extratos bancários com o nome de Juan Corona em seus bolsos.

Não eram apenas as provas detalhadas, mas a série extraordinária de crimes foi suficiente para convencer a polícia a prosseguir, e Juan Corona foi devidamente preso e acusado dos assassinatos. Sua defesa tentou atribuir a culpa a seu irmão Natividad, que tinha um histórico de violência, mas falharam ao sequer conseguir provar que na época ele estava no país.

De maneira geral, a defesa de Corona foi espetacularmente incompetente. No julgamento eles falharam ao não mencionar que Juan havia sido diagnosticado esquizofrênico em 1956, o que os impediu de preparar a defesa baseada na insanidade. Ainda assim, a falta de provas concretas significou que o júri deliberou durante 45 horas antes de considerar Corona culpado. Ele foi sentenciado a 25 prisões perpétuas (a pena de morte não era permitida na Califórnia nessa época).

Juan Corona continuou a afirmar sua inocência e foi autorizado um novo julgamento em 1978, sob a alegação de que a defesa anterior havia sido incompetente. No entanto, mesmo com uma defesa competente, Corona foi considerado culpado novamente. Na prisão ele foi vítima de um sério ataque por parte de um colega detento, no qual perdeu um olho. Ele permanece na Corcoran State Prison juntamente com Charles Manson. Porém, enquanto Manson continua sendo o foco de seguidores macabros de um culto, Corona é amplamente ignorado, e pode ser visto resmungando para si no pátio da prisão – como suas vítimas, outro homem esquecido.

Robert C. Hansen

Isto soa como história de revista – um serial killer que sequestrava suas vítimas, as deixava à solta no deserto do Alasca, depois as perseguia e matava com uma faca e um rifle. Robert Hansen fez disso um pesadelo real para dezenas de mulheres ou mais que ele tirava de Tenderloin, imundo distrito de Anchorage, Alasca, entre 1973 e 1983. Descrito por uma das mulheres que escapou de suas garras como parecido com o arquétipo nerd, o franzino e cheio de acnes Hansen parece ter sido motivado a matar por pouco mais do que um desejo principal de se vingar do mundo em geral, e das mulheres em particular.

Ressentimento

Nascido em Pocahontas, Idaho, em 13 de fevereiro de 1939, o pai de Hansen, Christian, era um imigrante dinamarquês que administrava sua própria padaria. Um disciplinador rígido, ele logo colocou seu filho para trabalhar na padaria o tempo todo. Isso não ajudou a vida social de Robert quando adolescente; tampouco sua acne ou sua gagueira. Sua adolescência não foi a das mais felizes e o ressentimento de sua sina evidentemente se exasperou.

Após deixar a escola, Robert continuou a trabalhar com seu pai, enquanto também estava inscrito na reserva do exército. Em 1960, ele casou com uma garota de sua cidade. Contudo, seu casamento parece ter feito seu ressentimento ficar visível: pouco depois ele ateou fogo a uma parte da escola local. Ele foi preso, considerado culpado e sentenciado a três anos de prisão. Sua esposa reagiu à descoberta desse lado inesperado de seu novo marido se divorciando dele.

Novo começo

Pouco depois de ser solto, Hansen se casou novamente e passou os anos seguintes se mudando ao redor dos Estados Unidos. Em 1967, o casal decidiu recomeçar e se dirigiram para a última fronteira dos Estados

Unidos: Alasca. Eles se estabeleceram na cidade principal, Anchorage, e pela primeira vez Hansen parecia ter encontrado um lugar ao qual ele pudesse se ajustar. Ele havia usado seu tempo na reserva do exército para se tornar um atirador hábil e então poderia colocar suas habilidades em prática, ganhando uma reputação de homem que apreciava a vida ao lar livre.

Em algum momento, porém, matar animais selvagens não conseguia mais satisfazer o desejo de vingança de Hansen. Um ano depois de sua última quebra de recorde de animais mortos, ele foi preso por tentativa de estupro a uma dona de casa e um estupro efetivo de uma prostituta. Como o estupro de prostitutas não era levado tão a sério, ele cumpriu apenas seis meses de prisão.

De acordo com sua própria confissão, a partir de 1973 Hansen desenvolveu uma rotina na qual ele apanhava prostitutas e *strippers* de Tenderloin, distrito de Anchorage, as levava para o deserto e as estuprava. Se elas se submetessem aos seus caprichos sexuais ele as deixava vivas, levando-as de volta para Anchorage sob ameaça de que se contassem o que havia acontecido teriam sérios problemas. Ele assassinava aquelas que não consentissem, deixando-as à solta no deserto, e então as perseguia e matava.

Suas atividades permaneceram totalmente despercebidas até 1980: durante os anos 1970 houve um grande progresso na produção petrolífera e Anchorage era uma cidade selvagem e perigosa, onde a lei fez grande esforço para se fazer presente e pessoas iam e vinham o tempo todo de maneira imprevisível. Além disso, havia abundantes áreas selvagens onde Hansen podia esconder os corpos de suas vítimas.

No entanto, em 1980, os corpos de duas mulheres jovens foram descobertos. Um deles, encontrado por trabalhadores da construção civil, nunca foi identificado. O segundo corpo era de uma *stripper* chamada Joanna Messina. Na época, a polícia não conseguiu encontrar qualquer pista. Eles estavam longe de encontrar um suspeito quando, dois anos depois, o corpo de outra *stripper* chamada Sherry Morrow foi encontrado por caçadores em uma cova rasa perto do Rio Knik. A partir desse momento a polícia suspeitou que estavam lidando com um serial killer, mas eles não tinham nada para ligar aquela teoria com o estuprador condenado Robert Hansen.

Cidadão respeitado

Longe de ser um assassino suspeito, Hansen havia então se tornado um rico cidadão respeitado. Ele reivindicou um generoso acordo de seguro após um arrombamento forjado em sua casa, e havia usado

> "Ele assassinava aquelas que não consentissem, deixando-as à solta no deserto, e então as perseguia e matava."

o dinheiro para abrir sua própria padaria. Nesse momento ele vivia em uma casa agradável com sua esposa e dois filhos, e até tinha seu próprio avião particular.

Tudo mudou em junho de 1983. Um caminhoneiro deu carona a uma prostituta correndo na estrada com um par de algemas sendo arrastadas por um dos pulsos. Ele a levou à delegacia de polícia, onde ela explicou que havia sido apanhada por um cliente que a levou para sua casa, a estuprou e a tratou brutalmente, levando-a depois para seu avião particular. Ela havia conseguido escapar no último minuto e ela estava convencida de que se não tivesse corrido, o homem certamente a teria matado. Ela primeiramente levou a polícia a casa e depois até o ultraleve do qual ela havia escapado. Ambos pertenciam a Robert Hansen.

Hansen negou tudo. Ele criou um álibi, alegando que havia passado a noite em questão com dois amigos. Sem evidências adicionais, exceto a palavra não confirmada de uma prostituta, a polícia decidiu não prestar queixas.

Três meses depois, contudo, outro corpo foi encontrado, pertencente a Paula Golding. A força-tarefa da polícia contatou o especialista do FBI em serial killer John Douglas, e eles decidiram averiguar Hansen novamente. Sob interrogatório, os amigos de Hansen admitiram que o álibi era falso. A casa de Hansen foi cercada e a polícia encontrou armas usadas nos assassinatos, além dos documentos de identidade das garotas mortas. Depois de alguma resistência inicial, Hansen fez um acordo no qual ele apenas seria acusado de quatro assassinatos e cumpriria sentença dessa vez em uma prisão federal. Em troca disso ele confessou muitos outros assassinatos, pelos quais ele nunca foi acusado. Ele levou a polícia estadual em uma excursão ao deserto, durante a qual eles puderam recuperar onze corpos, muitos dos quais permanecem não identificados.

Em 18 de fevereiro de 1984 Hansen foi condenado por assassinato e sentenciado a 461 anos de prisão.

Fritz Haarmann

Fritz Haarmann foi um dos primeiros serial killers a atingir as manchetes nos tempos modernos. Ele confessou os assassinatos de pelo menos 27 homens jovens e garotos na cidade de Hanôver, Alemanha, entre 1918 e 1924. O que fez de Haarmann exclusivamente assustador foi a mistura de frenesi e método que caracterizou seus crimes. Ele matava suas vítimas em um ataque selvagem, mordendo suas traqueias enquanto as estuprava. Depois, com considerável cuidado ele removia suas roupas e as vendia, desmembrava os corpos, se desfazia dos ossos e finalmente cozinhava a carne e a vendia no mercado negro como carne de porco. Se isso parece difícil de acreditar, deve-se recordar que a Alemanha nos anos após a Primeira Guerra Mundial estava à beira da fome; comida era comida, e as pessoas naquela época não faziam muitas perguntas quanto a sua procedência.

Favorito da mãe

Fritz (Friedrich) Haarmann nasceu em 25 de outubro de 1879 em Hanôver, e era o sexto filho de Olle e Johanna Haarmann. Ole era beberrão e mulherengo. Johanna era mais velha que seu marido – 41 anos quando Fritz nasceu – e tinha uma saúde delicada. Fritz, o bebê da família, era o favorito de sua mãe e ele constantemente tomava partido dela contra seu pai. Quando criança ele preferia bonecas a brinquedos de meninos. Mais preocupante na época era um gosto por assustar pessoas, em particular suas irmãs. Ele gostava de brincadeiras que envolvessem amarrá-las ou assustá-las, batendo em suas janelas à noite.

A mãe de Fritz morreu quando ele tinha 12 anos e a rixa com seu pai se intensificou. Depois da escola ele se tornou aprendiz de chaveiro. Quando isso não deu certo, ele foi enviado para a escola militar. Ele foi enviado de volta para casa após seis meses, pois aparentemente estava sofrendo de epilepsia. Haarmnann teve queixas e foi examinado por um médico, que o enviou para um hospício, – uma experiência profundamente traumática para Haarmann. Ele consequentemente fugiu para a Suíça antes de retornar a Hanôver em 1990. Nessa época, ela parecia estar com o caráter reformado. Ele casou com uma mulher chamada Erna Loewert e parecia pronto para se aquietar, mas, quando ela

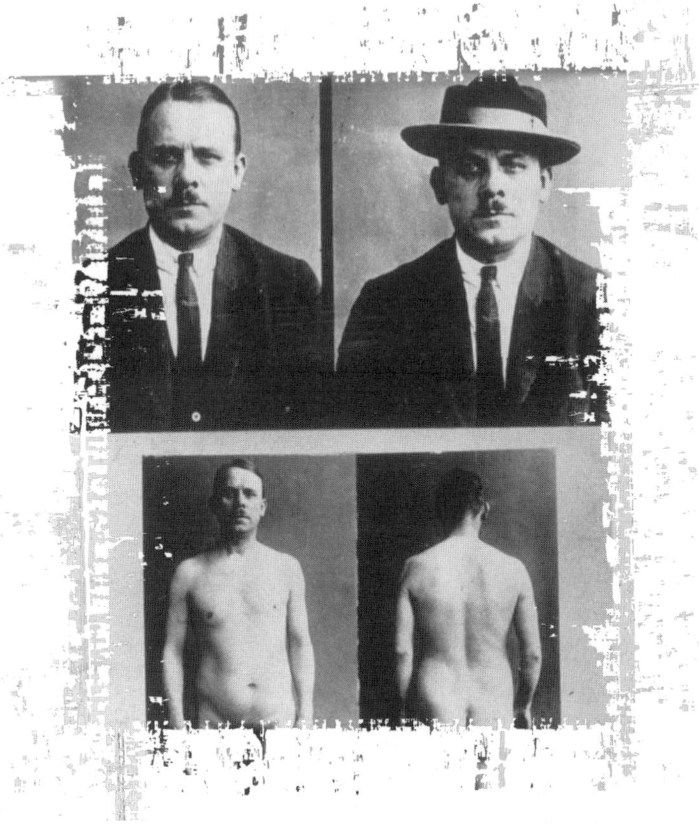

"A polícia fracassou ao não notar a cabeça decepada do garoto, escondida atrás do forno".

engravidou, Fritz a deixou, se alistou no exército e se envolveu com pequenos crimes. Ele logo foi preso por assalto, furto e grandes chantagens. Em 1914 Fritz foi condenado por assalto a um armazém e enviado à prisão para o período mais longo que jamais havia recebido, permitindo-o esperar pelo fim da Primeira Guerra Mundial em sua cela de prisão. Quando foi solto, em 1918, ele se encontrou em uma sociedade em estado de indigência enquanto a Alemanha lutava para se recuperar da guerra.

Os crimes floresciam, pois as pessoas buscavam desesperadamente por meios de sobrevivência. Esse foi o ambiente ideal para Haarmann. Ele imediatamente se uniu a uma quadrilha de assaltantes e simultaneamente se tornou um informante da polícia, conseguindo tirar proveito de ambos os lados de uma única vez.

O apartamento de Haarmann: não havia muito que procurar, mas a polícia mesmo assim conseguiu não notar evidências vitais de que o homem era um assassino.

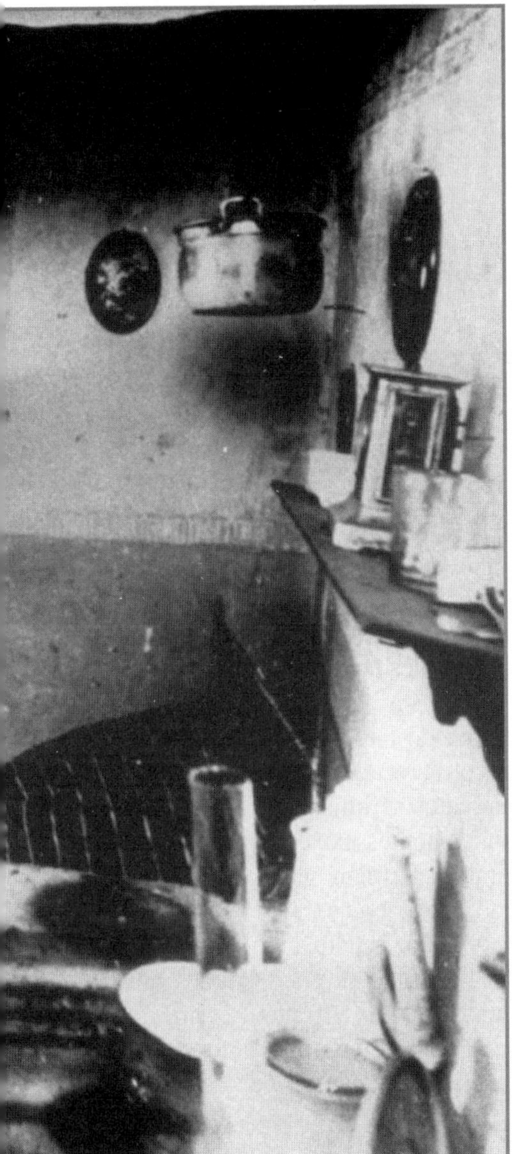

Crimes pós-guerra

Uma característica proeminente dos anos pós-guerra foi o número de sem-tetos e desabrigados perambulando pela cidade. Muitos deles recorreram à prostituição, portanto era fácil para Haarmann se aproximar de garotos e prostitutas. Ele especialmente gostava de frequentar a estação de trem e encontrar lá possíveis candidatos. Ele se apresentava com frequência como "Detetive Haarmann" e usava esse pretexto para levar os garotos consigo. Antes ele estava muito satisfeito com o abuso sexual, mas agora sua doença se agravou e ele precisava matar suas vítimas para satisfazer sua luxúria.

Uma de suas vítimas se chamava Friedel Rothe. Os pais de Rothe pensaram que o filho havia partido com o "Detetive Haarmann" e a polícia cercou o apartamento de Haarmann, mas fracassaram ao não notar a cabeça decepada do garoto escondida atrás do forno. Pouco depois Haarmann recebeu uma sentença de nove anos de prisão por indecência. Quando solto, conheceu um jovem homossexual chamado Hans Grans. Eles se tornaram namorados e foram morar juntos. Em seguida se tornaram sócios nos negócios, atuando no mercado negro, enquanto Fritz continuou a

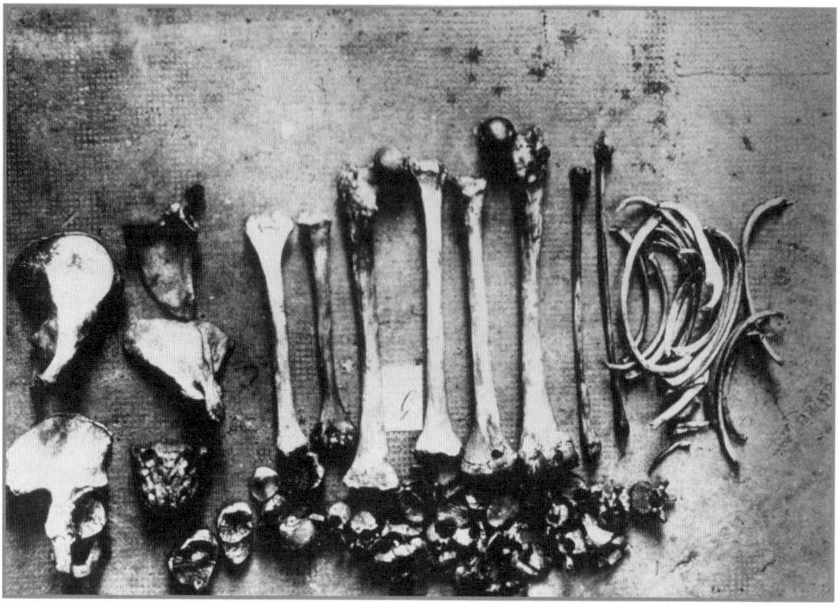

Alguns dos ossos das vítimas de Haarmann. Sua descoberta causou pânico generalizado.

ser informante da polícia. Durante os anos seguintes do casal, seus negócios passaram a incluir uma repulsiva via secundária: vender as roupas e cozinhar a carne das vítimas de Haarmann.

A ausência da maioria das vítimas da dupla não era sentida. Mesmo quando fosse, as autoridades pareciam cometer erros elementares para descobrir mais pistas: os pais de uma das vítimas disse à polícia que suspeitavam que Grans fosse o assassino, mas ele estava preso nessa época; no entanto, Haarmann nunca foi investigado, embora ele tivesse visitado os pais fingindo ser um criminologista e rido histericamente quando eles o contaram seus medos. Em outra ocasião, um cliente desconfiado levou um pouco da carne que Haarmann vendia às autoridades para ser examinada; o especialista da polícia, no devido tempo, declarou que se tratava de porco. Parecia que enquanto os assassinatos se limitassem a um submundo homossexual, as pessoas, em geral, prefeririam olhar para o outro lado.

Tudo mudou em maio de 1924, quando diversos crânios humanos foram encontrados no rio Leine. No início, as autoridades tentaram acalmar o medo da população, sugerindo que se tratava de uma espécie de brincadeira macabra e que os crânios haviam sido deixados por ladrões de túmulos.

No entanto, quando, em 24 de julho, uma criança encontrou um saco cheio de ossos humanos, não havia como conter o pânico. A polícia encontrou, no total, 500 ossos pertencentes a pelo menos 27 corpos.

A polícia investigou todos os estupradores da cidade, entre eles Fritz Haarmann, mas ainda não encontrou provas que o ligassem aos evidentes assassinatos. Ao final, foi a arrogância do próprio Haarmann que o levou à desgraça. Por algum motivo – de modo concebível, para impedir a si de cometer outro assassinato – ele levou um garoto de 15 anos à polícia para delatá-lo por comportamento indecente. Uma vez preso, o garoto acusou Haarmann de assediá-lo sexualmente. Haarmann foi preso e seu apartamento, investigado. A polícia encontrou roupas que pertenciam a crianças desaparecidas, algumas delas manchadas de sangue. No início, Haarmann os despistou dizendo que ele era um comerciante de roupas usadas e que não tinha ideia da origem do sangue. No entanto, após uma semana sob custódia, sob interrogatório, Haarmann finalmente confessou os assassinatos. Ele levou os detetives a uma série de locais, nos arredores de Hanôver, onde ele havia enterrado mais corpos, aparentando orgulho por seus crimes. Seu testemunho se modificou apenas quando surgiu a função de Hans Grans, a quem ele alternativamente culpou e desculpou.

Quando o caso foi à corte, Haarmann foi julgado e condenado à morte. O júri decidiu que Grans foi nada mais do que um participante indireto após o fato e o sentenciou a 12 anos de prisão. Haarmann aparentemente gostou de seu julgamento, conduzindo sua própria defesa, fumando charutos e reclamando da presença de mulheres na corte. Essa foi, contudo, seu último ato de bravura. Em 25 de abril de 1925 ele, assim como muitas de suas vítimas, foi submetido à morte por decapitação.

Carroll Edward Cole

Um dos poucos serial killers conhecidos por ter o nível de QI de um gênio é Carroll Edward Cole. Paradoxalmente, contudo, ele veio a se tornar o modelo absoluto de um assassino desorganizado. Quando Cole matava, não havia padrão ou lógica para seus crimes; não havia pistas misteriosas deixadas para trás ou enigmas enviados à polícia. Na maioria das vezes em que Eddie Cole assassinou, ele estava muito bêbado para se lembrar de qualquer coisa. O fato é que ter-lhe permitido vagar livremente por um longo período e matar muitas pessoas é um triste atestado da incompetência das autoridades legais e médicas.

Carroll Edward "Eddie" Cole nasceu em 9 de maio de 1938, em Sioux City, Iowa, e era o segundo filho de LaVerne e Vesta Cole. Sua irmã nasceu em 1939 e logo em seguida a família se mudou para a Califórnia, onde LaVerne encontrou trabalho em um estaleiro. Pouco tempo após LaVerne foi convocado para combater na Segunda Guerra Mundial.

Mãe intimidadora

Enquanto seu pai esteve ausente, a mãe de Eddie Cole começou a ter romances. Às vezes ela levava o filho consigo, e depois o ameaçava e batia nele para assegurar que não contasse ao seu pai. Vesta era uma cruel intimidadora, especialmente no tratamento destinado ao seu filho. Ela o vestia como uma menina e zombava dele. Quando Carroll ia à escola, os colegas o atormentavam por causa de seu nome e ele se tornou cada vez mais irritado e retraído. Ele afirmou (em uma autobiografia escrita na prisão) que quando ele tinha nove anos afogou um de seus atormentadores, um colega de nove anos chamado Duane, mas na época a polícia considerou o incidente como um acidente.

Na adolescência, Carroll se envolveu com pequenos delitos. Ele era frequentemente preso por embriaguez e pequenos furtos. Após o ensino médio ele se alistou no exército, mas foi logo dispensado depois de roubar alguns revólveres. Nessa época, ele mostrava sinais de deterioração mental. Em 1960, ele atacou dois casais cujos carros estavam estacionados em um *drive-in*. Logo em seguida ligou para a polícia em Richmond, Califórnia, onde vivia, e disse a eles que estava sendo afligido por fantasias violentas envolvendo estrangular mulheres.

Ajuda psiquiátrica

O policial com quem conversou o aconselhou a procurar ajuda psiquiátrica; Cole passou os três anos seguintes entrando e saindo de instituições psiquiátricas. Na última dessas vezes, no Stockton State Hospital, certo Dr. Weiss escreveu: "Ele parece ter medo da figura feminina e não pode ter relações sexuais com uma mulher antes, mas deve matá-la antes para que possa fazê-lo". Apesar desse diagnóstico aparentemente condenatório, Weiss aprovou a libertação de Cole em abril de 1963.

Quando solto, Cole vagou para Dallas, Texas, ao leste, onde seu irmão Richard vivia. Lá, ele conheceu e se casou com Billie Whitworth, uma *stripper* alcoólatra. Não é de surpreender que esse relacionamento falhou ao não curá-lo de seus sentimentos violentos em relação às mulheres. O casamento acabou após dois anos acrimoniosos, quando Cole ateou fogo a um motel depois de se convencer de que Whitworth estava tendo relações sexuais com homens lá. Ele foi preso por incêndio criminoso.

Na soltura, Cole tentou estrangular uma garota de 11 anos, em Missouri. Ele foi detido pelo crime e condenado a cinco anos de prisão. Após cumprir sua pena, ele foi solto novamente e terminou em Nevada, onde tentou estrangular mais duas mulheres. Ele foi novamente encaminhado a instituições psiquiátricas, onde os médicos perceberam suas fantasias assassinas, mas ainda não viam motivo para detê-lo. Cole recebeu uma passagem de volta para San Diego, Califórnia.

As três primeiras vítimas

Em San Diego, ele assassinou pela primeira vez quando adulto. Lá, ele matou três mulheres – cada uma delas ele apanhou em um bar, teve relações sexuais e depois estrangulou. Mais tarde ele alegou que todas haviam se provado infiéis a seus maridos, então ele se recordou de sua mãe adúltera.

Esses assassinatos estabeleceram o padrão para os dez anos seguintes. Cole vagava: em cada lugar novo ele estrangulava mulheres, geralmente em estupor alcoólico. No caso de uma mulher que ele assassinou em Oklahoma City, ele afirma ter saído de uma perda de memória em decorrência do álcool para notar fatias das nádegas de suas vítimas cozinhando em uma caçarola.

Em 1979, Cole estava de volta a San Diego e casado novamente com outra alcoólatra pesada. Enquanto esteve lá assassinou uma mulher chamada Bonnie Sue O'Neill e deixou o corpo do lado externo de seu local de trabalho.

Ainda assim a polícia falhou ao não entrevistá-lo. Logo após isso ele assassinou sua esposa. Dessa vez, não havia uma história registrada de como ele ameaçou matá-la. Um vizinho o encontrou bêbado, cavando uma sepultura abaixo da casa. O vizinho chamou a polícia, que encontrou o corpo da esposa de Cole em um armário de sua casa. Extraordinariamente, eles decidiram que ela havia provavelmente morrido de envenenamento por álcool e não prestaram queixas contra Cole.

Cole então deixou San Diego e retornou para a estrada. Ele matou outra mulher em Las Vegas e depois retornou para Dallas, onde estrangulou mais três mulheres durante novembro de 1980. Cole era suspeito do segundo desses assassinatos e de fato foi encontrado na cena do terceiro. Ele foi preso e mantido sob custódia. A polícia então chegou à conclusão, mais uma vez, de que a vítima provavelmente havia morrido de causas naturais e estavam prestes a deixá-lo ir. No entanto, antes que fizessem isso, Cole confessou – não apenas esse, mas todo seu histórico de assassinatos.

Em 9 de abril de 1981, Cole foi condenado a três dos assassinatos cometidos em Texas. Ele foi sentenciado à prisão perpétua em Huntsville Prison. Sua mãe morreu em 1984 e sua atitude parece ter mudado. Logo em seguida, em vez de cumprir sua pena e visar a uma liberdade condicional, ele concordou em enfrentar mais acusações de assassinatos ocorridos em Nevada, embora soubesse que isso poderia envolver pena de morte.

Em outurbro de 1984, Cole foi de fato sentenciado à morte, em Nevada. Ativistas contra a pena de morte tentaram fazer com que sua sentença fosse trocada, mas Cole não queria nada disso. Quando a pena foi divulgada, ele disse a frase "Obrigado, juiz". Ele foi executado em dezembro de 1985.

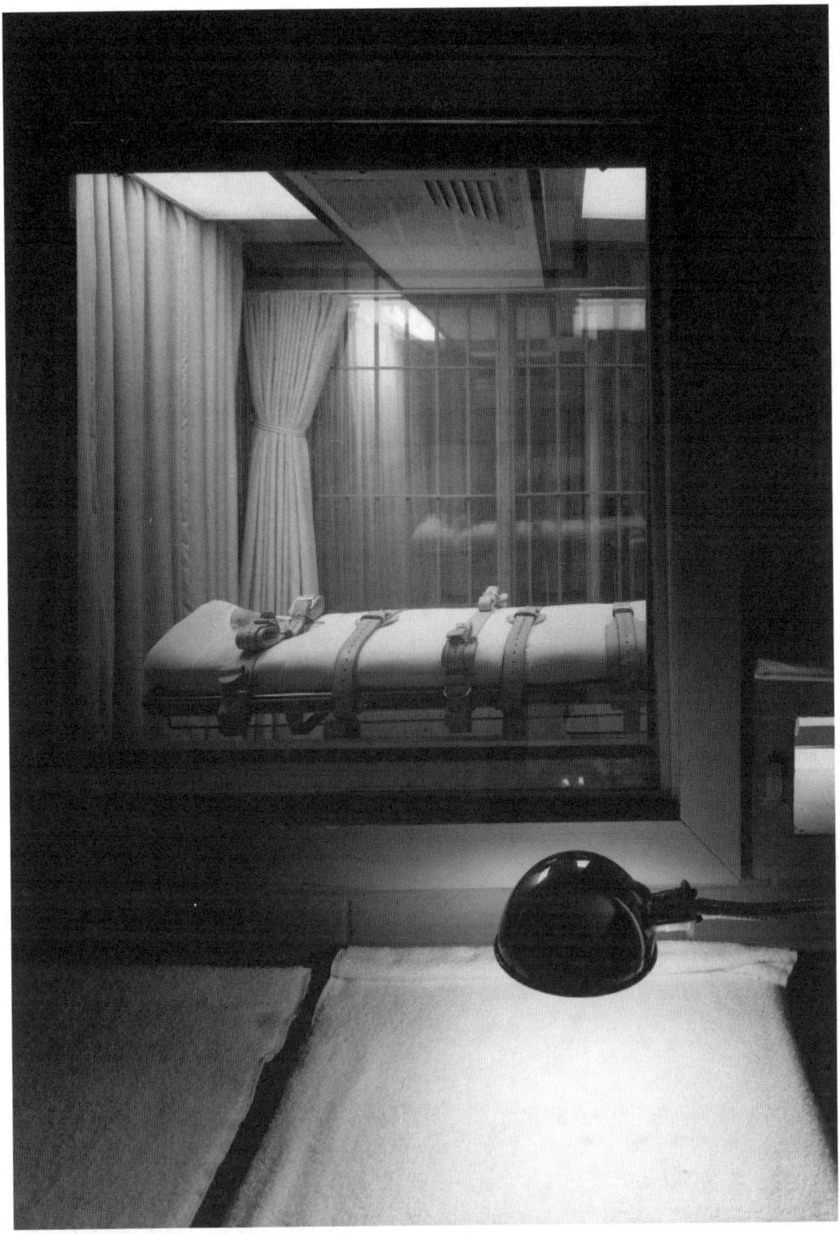

Os últimos momentos de Cole: as autoridades finalmente o notaram e tomaram sua vida por aquelas que ele havia retirado.

Assassinos Vampíricos

O vampiro tem um pé no mito e outro na realidade sangrenta. Em outro nível, os assassinos vampíricos são monstros fantásticos, como lobisomens e zumbis. Porém, isso está no poder de seres humanos comuns para decretar tais proezas, pelo menos no que diz respeito a beber sangue.

A condessa húngara e serial killer do século XVI, Erzebet Bathory, era considerada uma vampira; suas proezas assassinas são parte história, parte mito. Foi o romance *Drácula*, de Bram Stocker, publicado em 1897, que estabeleceu a imagem moderna do serial killer vampírico como o mais sedutor e elegante dos monstros. Inúmeros filmes de terror desde então fixaram em nossas mentes a imagem do assassino polido em um smoking, revelando seus caninos apenas quando é tarde demais para suas vítimas escaparem.

Os vampiros da vida real, porém, tendem a ser menos do que criaturas elegantes. Eles são geralmente homens solitários e inadequados, enfurecidos pelo mundo, cujas ações são apenas parte de um furor assassino. A psicologia de seu bizarro ritual de beber sangue é complexa, mas assim como os assassinos canibais, nos aterroriza, e neste momento vemos a quebra de outro tabu profundo e antigo do ser humano.

Bela Kiss

Sabe-se muito pouco sobre os primeiros anos da vida de Bela Kiss, um dos serial killers mais assustadores de todos os tempos. Sua história começou a ganhar foco por completo quando ele iniciou sua carreira de assassino, como um homem jovem aparentemente em busca de uma esposa.

Um homem bonito de olhos azuis e cabelos loiros, Kiss atraía muitas mulheres, não apenas por causa de sua boa aparência, mas também porque ele era educado, inteligente e tinha boas maneiras. Porém, quando seus crimes vieram à tona, descobriu-se que Kiss era um assassino de mulheres em um sentido mais literal. Ele assassinou mais de 20 mulheres e conservava seus corpos em álcool, dentro de grandes tambores de metal que ele escondia em sua casa e pela área rural próxima. Talvez o mais assustador de tudo é que ele de fato tenha conseguido escapar.

Tambores de metal usados por Bela Kiss para conservar suas vítimas após serem mortas e terem o sangue drenado.

Barril

Em 1912, Bela Kiss estava morando no vilarejo de Czinkota, além de Budapeste, na Hungria. Ele dividia uma casa com sua governanta, uma mulher idosa chamada Sra. Jakubec. Embora benquisto no vilarejo, Kiss não tinha intimidade com nenhum de seus vizinhos. Um homem solteiro, ele tinha uma série de relacionamentos com várias mulheres atraentes e jovens que frequentemente iam à sua casa, mas nunca eram apresentadas à governanta, nem a qualquer um de seus vizinhos. Kiss também colecionava tambores de metal, dizendo à polícia local que eles se destinavam a armazenar gasolina, que provavelmente ficaria escassa no futuro por causa da guerra iminente.

Em 1914, Kiss foi convocado pelo exército. Enquanto esteve fora, soldados foram a sua casa para procurar pelos suprimentos extras de gasolina pelos quais ele

Uma foto do lado externo da casa onde alguns dos corpos foram encontrados.

"Diversas mulheres locais que estavam desaparecidas foram descobertas nos tambores".

era conhecido por manter ali. Eles encontraram e abriram os tambores. Em vez de gasolina, dentro de cada um dos tambores foi encontrado o cadáver de uma mulher que havia sido estrangulada e cujo corpo estava então sendo preservado em álcool. Uma busca mais aprofundada nos documentos de Kiss revelaram dezenas de cartas de mulheres, que haviam visitado a casa depois de responderem a seu anúncio de jornal, no qual procurava uma esposa.

Kiss seduzia mulheres ricas e atraentes por correspondência, prometendo se casar com elas e frequentemente privando-as de suas economias no processo.

Ele então as convidava para ir à sua casa. Uma vez lá, ele as estrangulava, conservava seus corpos em álcool e os fechava em tambores de metal. Os corpos também tinham marcas de punção em seus pescoços e seus corpos estavam com o sangue drenado. Bela Kiss não era apenas um assassino, mas também um vampiro.

Ninguém sabe até hoje por que ele escolheu preservar os corpos dessa forma. É óbvio que era algo arriscado para fazer. Primeiramente, os tambores eram grandes e difíceis de serem escondidos; em segundo lugar, os corpos dentro estavam tão perfeitamente conservados que em alguns casos até as etiquetas de suas roupas poderiam ser lidas. Kiss sem dúvida sabia que caso os tambores fossem abertos, seus crimes seriam facilmente rastreados.

Mudando de identidade

Diversas mulheres locais que estavam desaparecidas foram descobertas nos tambores, assim como muitas outras cuja ausência nunca foi sentida. Kiss repetiu seus crimes várias vezes, com uma série de vítimas inocentes e crédulas, usando um nome falso, "Herr Hoffmann". Até a descoberta dos corpos, a ligação entre Bela Kiss e "Herr Hoffmann", que era procurado para prestar esclarecimentos a respeito do desaparecimento de duas viúvas com as quais ele havia se correspondido, nunca foi feita.

Com o início da guerra, Kiss encontrou uma maneira perfeita de não ser descoberto: ele forjou a própria morte. Ele assumiu a identidade de um colega de exército que havia sido morto em combate, trocando seus documentos com os do homem morto. Porém, seu plano foi frustrado quando, na primavera de 1919, ele foi reconhecido em Budapeste por alguém que o conhecia desde seus primeiros anos de vida. A polícia investigou e descobriu a fraude, mas ainda não puderam alcançá-lo. Mais tarde, um soldado chamado Hoffmann se gabou para seus colegas a respeito de sua destreza como estrangulador, mas, novamente, quando a polícia tentou encontrar Kiss, o rastro havia esfriado.

Muitos anos depois, Kiss foi aparentemente identificado em Nova York por um detetive de homicídios chamado Henry Oswald, célebre por sua habilidade em recordar rostos. A essa altura, Kiss tinha quase 60 anos. Oswald perseguiu Kiss, mas o perdeu entre a multidão da Times Square. Alguns anos depois, Kiss foi visto novamente em Nova York, dessa vez trabalhando como zelador de um bloco de apartamentos, mas ele fugiu da polícia e nunca foi preso.

Ninguém sabe como ou quando Bela Kiss morreu. O número exato de vítimas é desconhecido. Ele parou de matar mulheres quando fugiu ou ele continuou seus crimes hediondos não detectados? Quantas mulheres desapareceram na Hungria nessa época poderiam ter sido seduzidas e mortas por Bela Kiss? Essas são perguntas cujas respostas nunca saberemos.

John George Haigh

Indiscutivelmente o pior serial killer do Reino Unido após Jack, o Estripador, John George Haigh, o "Assassino da Banheira com Ácido", permanece uma espécie de enigma. Ele era um vigarista perspicaz que assassinava por lucro? Ele intencionalmente retratava a si como um lunático insano que necessitava beber sangue humano para que pudesse alegar insanidade? Ou ele era de fato um vampiro dos tempos modernos?

John Haigh nasceu em 24 de julho de 1909 em Stamford, Yorkshire, no norte da Inglaterra. Logo após seu nascimento, seus pais, John e Emily, se mudaram para Outwood, próximo de Wakefield, uma cidade maior. Ambos eram membros da Plymouth Brethren, uma seita ultrapuritana cristã com uma ideologia de fogo infernal baseada em pecado e punição.

Antecedentes

A família parecia estável o suficiente, mas a religião dominou a infância de Haigh. Seu pai o mostrava frequentemente uma cicatriz que dizia ser originada de um castigo de Deus por ter cometido um pecado. O jovem Haigh, no início, tinha medo de receber tal marca, mas quando ele cometia pecados e não a recebia, começou a desenvolver o profundo cinismo que caracterizaria sua vida adulta.

Ao deixar a escola, Haigh trabalhou como mecânico de automóveis. Embora ele amasse carros, tinha uma aversão vitalícia à sujeira (mais tarde ele usaria habitualmente luvas para evitar contaminação). Ele logo deixou o emprego e trabalhou durante um curto período como balconista antes de encontrar uma carreira na qual ele era capaz de utilizar uma já conhecida habilidade bem desenvolvida para enaltecer a verdade: ele se tornou redator publicitário. Ele foi bem-sucedido no emprego e comprou para si um veloz automóvel Alfa Romeo. Mas pouco depois, ele foi demitido após o desaparecimento de dinheiro.

Em 1934, ele conheceu e se casou com Beatrice Hammer. Quatro meses depois ele foi condenado por fraude em um golpe envolvendo acordos de compra e enviado à prisão. Enquanto esteve lá, Beatrice deu à luz uma criança que ela imediatamente entregou para a adoção. Quando solto, Haigh deixou Beatrice e então simplesmente a ignorou, agindo como se nunca tivessem sido casados.

"Ele então matou e, com alguma dificuldade, liquidou seu corpo em um grande barril com ácido".

A prisão pareceu ter colocado Haigh de volta no bom caminho. Ele abriu uma lavanderia que prosperou até seu sócio morrer em um acidente de moto, e o negócio começou a entrar em decadência com o início da guerra. Haigh então se mudou para Londres, onde trabalhou em um parque de diversões, cujo proprietário era um homem chamado Donald McSwann. Um ano depois ele teve uma recaída com um golpe que resultou em mais uma prisão, dessa vez por quatro anos. Na cadeia ele conversou bastante com seus colegas presidiários a respeito de cometer o crime perfeito. Uma interpretação equivocada da lei o permitiu desenvolver a ideia de que se a polícia não encontrasse um corpo, o assassino, então, não poderia ser acusado de assassinato. Ele decidiu que a melhor maneira de realizar isso seria dissolver o corpo em ácido. Ele fez esse experimento nas oficinas da prisão, conduzindo a diluição de um rato em ácido.

Vida após a prisão

Mais uma vez de volta à sociedade, ele colocou seu plano em ação. Ele se encontrou com McSwann, atraindo-o a uma oficina que ele estava alugando. Ele então o matou e, com alguma dificuldade, liquidou seu corpo em um grande barril com ácido que ele havia preparado para tal. O plano funcionou perfeitamente e Haigh pôde despejar os últimos restos viscosos de seu amigo em um ralo. Os pais de McSwann estavam desconfiados, mas Haigh conseguiu convencê-los com a história de que o filho havia fugido para a Escócia para evitar ser convocado para a guerra.

Quando a guerra terminou e McSwann não retornou, seus pais ficaram ainda mais desconfiados. Haigh tomou atitudes drásticas. Ele levou os pais à oficina e assassinou ambos, do mesmo modo que ele havia matado seu filho. Depois ele forjou cartas para que pudesse vender as vastas propriedades do casal. Durante os três anos seguintes ele viveu às custas desse dinheiro. Em fevereiro de 1949, ele não pôde pagar a conta em um hotel onde estava vivendo, um lugar chamado Onslow Court, popular entre viúvas ricas. Ele convenceu uma das viúvas, Olivia Durand-Deacon, de que ele tinha planos para um negócio no qual ela poderia se interessar. Ela concordou em ir com ele à sua nova oficina, localizada próxima a uma pequena fábrica em Surrey, fora do limite de Londres. Quando chegaram, ele atirou na cabeça da vítima, retirou suas joias e o casaco de pele, e se desfez dela em uma banheira com ácido.

Em dois dias, uma amiga da sra. Durand-Deacon avisou a polícia e mencionou que ela planejava encontrar Haigh, que afirmou que ela nunca havia ido à reunião. Porém, sua conduta era suspeita e eles decidiram investigar com mais profundidade.

Eles tomaram conhecimento de sua oficina em Surrey e obtiveram um mandado de busca. Eles encontraram diversas pistas que sugeriam que a sra. Durand-Deacon havia estado lá, e então conseguiram evidências de um lojista, que identificou Haigh como sendo o homem que havia lhe vendido as joias da viúva. Eles devidamente levaram Haigh a interrogatório.

A defesa

Uma vez sob custódia, Haigh gabou-se de que a sra. Durand-Deacon nunca seria encontrada porque ele a havia dissolvido em ácido, acreditando que sem seu corpo eles não poderiam acusá-lo. Na verdade, logo que a polícia retornou e drenou a terrível imundice no fundo da banheira com ácido, eles encontraram diversos pedaços de ossos humanos e parte das dentaduras de Durand-Deacon.

O jogo tinha claramente acabado para Haigh, que então mudou suas táticas. Obviamente planejando alegar insanidade, ele confessou os assassinatos dos McSwann e dos Henderson, assim como três outros assassinatos de vítimas não identificadas. Ele alegou que seus motivos não

Dr. Keith Simpson – o patologista do caso – e sua secretária examinam restos encontrados em uma fábrica abandonada em Crawley, Sussex.

A opinião pública exaltada no dia do enforcamento, na Wandsworth Prison.

eram financeiros, mas que ele era atormentado por sonhos que o remetiam à sua infância religiosa. Esses sonhos aparentemente davam a ele uma sede insaciável por sangue humano – que ele sugava por meio de um canudo. De maneira geral, acreditava-se que ele havia acrescentado a confissão das três vítimas misteriosas porque a motivação para os assassinatos de suas vítimas efetivas era muito claramente financeira.

A defesa encontrou um psiquiatra para atestar a insanidade de Haigh, mas o júri não foi convencido e ele foi considerado culpado por assassinato e sentenciado à morte por enforcamento. A pena foi executada na Wandsworth Prison, Londres, em 6 de agosto de 1949.

Ali Reza Khoshruy Kuran Kordiyeh

Serial killers geralmente afloram nas cidades do Ocidente, sobretudo nos Estados Unidos. Na Europa Ocidental, o fenômeno é bem conhecido, e tem se tornado ainda mais na Rússia e na África do Sul nos últimos anos. Por isso, um serial killer agir no coração do Estado islâmico do Irã foi algo sem precedentes.

Ali Reza Khoshruy Kuran Kordiyeh tinha 27 anos quando foi preso em 1997, após matar pelo menos nove mulheres, incluindo uma mãe e sua filha de dez anos de idade. Pouco se sabe a respeito do início da vida de Kordiyeh, exceto que ele havia sido preso antes, em 1993, quando foi acusado de sequestro e estupro. Na época, ele conseguiu fugir da polícia quando era escoltado para ser julgado na corte. Ele continuou se escondendo durante os quatro anos seguintes antes de começar seu último tumulto.

O método

O *modus operandi* de Kordiyeh era simples. Ele fingia ser um taxista e percorria a capital do Irã, Teerã, em busca de vítimas potenciais. Uma vez que atraísse uma mulher até seu carro, ele a estuprava e esfaqueava repetidas vezes, cerca de 30 vezes em alguns casos. Uma vez morta, ele cobria seu corpo com gasolina e ateava fogo, em uma tentativa de destruir qualquer evidência incriminadora.

A cidade de Teerã, lar de Ali Reza Khoshruy Kuran Kordiyeh, o "Vampiro de Teerã".

Um destino comum a estupradores e criminosos pegos no Teerã: mesmo o risco de um tumultuado enforcamento não era suficiente para deter Kordiyeh.

> "Uma vez que atraísse uma mulher até seu carro, ele a estuprava e esfaqueava repetidas vezes."

À medida que o número de crimes de Kordiyeh aumentou, a cidade começou a viver com medo do homem que a imprensa então chamava de "Vampiro de Teerã". Por um período a polícia não tinha pistas, até que duas mulheres, em ocasiões diferentes, conseguiram fugir de seus domínios e foram capazes de dar uma descrição de seu agressor à polícia.

Pouco tempo depois, Kordiyeh foi pego pela polícia enquanto agia de maneira suspeita em um shopping center. Sua semelhança com o retrato falado do Vampiro de Teerã foi notada. A polícia então examinou seu carro e encontrou manchas de sangue. Sob interrogatório, Kordiyeh confessou que ele era de fato o vampiro, embora não tivesse dado indicação do que havia por trás de seus crimes.

A punição

O julgamento de Kordiyeh foi mostrado ao vivo na televisão iraniana e se tornou sensação pública. Ele foi condenado à morte por enforcamento, precedido de 214 chibatadas. A sentença era para ser executada publicamente, em uma praça no distrito de Olympic Village, próximo de onde muitos dos assassinatos haviam sido cometidos. A população do Teerã se dirigiu aos milhares, causando grandes tráfegos na pressa de estar na execução pública, no amanhecer de 12 de agosto de 1997.

Antes da execução, um clérigo disse à multidão, estimada em cerca de 20 mil pessoas, que "sangue de inocentes sempre será vingado, mas para nós, testemunhar a isso é uma lição a ser aprendida". Depois Kordiyeh foi colocado de frente com sua morte. Primeiramente, ele foi lançado de bruços em uma bancada e os homens, parentes das vítimas, se revezaram para dar as 214 chibatadas, usando um pesado cinto de couro. A essa altura a multidão teve que ser contida para não se unir a eles e de fato bater em Kordiyeh até a morte. Então, Kordiyeh, semiconsciente, foi içado e amarrado a uma forca improvisada, em um grande guindaste de construção amarelo que suspendeu seu corpo no ar quando morreu. Suas últimas palavras foram: "Eu não peguei dinheiro emprestado de ninguém e não devo nada a ninguém. Peço a Deus perdão por aquilo que fiz."

Se o objetivo dessa execução brutal era dissuadir outros de seguir os passos de Kordiyeh, não foi bem-sucedido. Poucos meses depois, outro taxista do Teerã foi preso pela polícia depois de uma tentativa de estupro. Ele disse: "Serei o próximo Vampiro de Teerã". No ano seguinte, Ahmad Taqiabadi foi julgado na cidade de Shiraz, no sul do Irã, por sequestrar 12 crianças, estuprar seis delas e matar três pessoas. A execução pública de Kordiyeh não surtiu o efeito desejado e até agora o desconhecido fenômeno do serial killer começou a ser visto no Irã do mesmo modo como em outras partes do mundo.

Dean Corll

Quando a polícia descobriu 27 copos enterrados em três locais diferentes na região de Houston, durante o mês de agosto de 1973, Dean Corll, "o Doceiro", passou para o topo da lista dos serial killers dos Estados Unidos no que diz respeito a corpos efetivamente recuperados. Corll finalmente cedeu sua posição para John Wayne Gacy, outro sádico com um recorde repulsivo de assassinato de adolescentes do sexo masculino. Corll não deve ter ganho a infame reputação que mais tarde assassinos como Gacy e Jeffrey Dahmer haviam então atraído, mas por pura maldade ele deve ranquear entre o mais depravado de todos os serial killers.

Dean Corll nasceu em 24 de dezembro de 1939, em Fort Wayne, Indiana. Seus pais, Arnold e Mary, tiveram um relacionamento violentamente combativo e se divorciaram quando Dean tinha seis anos, deixando Mary criando Dean e seu irmão, Stanley. No entanto, o relacionamento de Arnold e Mary continuou; eles se casaram novamente em 1950, quando Dean tinha 11 anos, e se mudaram para Houston no mesmo ano, separando-se novamente pouco depois.

O Doceiro

Durante os anos 1950, Mary Corll abriu um pequeno negócio, fazendo doces de noz-pecã. Dean a ajudou nessa empresa e, no início dos anos 1960, ela havia expandido para um negócio plenamente capacitado. Dean fazia o doce à noite em sua garagem adaptada e trabalhava na Houston Lighting and Power durante o dia. Próximo desse período ele se tornou conhecido nas redondezas por dar amostras grátis para crianças, por isso ganhou o apelido de "o Doceiro".

Em 1964, Corll foi convocado pelo exército, mas o deixou após um ano, em uma dispensa necessária, a fim de ajudar sua mãe a administrar a doceria. Eles continuaram a trabalhar juntos até 1969, quando sua mãe se mudou

para Colorado, e Corll retomou seus estudos de eletricista.

O que sua família não percebeu é que Corll havia começado a viver uma vida secreta. Seu período no exército tinha despertado seus impulsos homossexuais e ele começara a levar uma vida homossexual ativa, se não secreta. Ele sentia atração especialmente por adolescentes e tinha predileção por sadomasoquismo, com uma inclinação cada vez mais sádica. Ele promovia festas, oferecia bebida, maconha e cola para cheirar, em uma tentativa de atrair garotos adolescentes e fazê-los ficar suficientemente alterados para que o deixasse fazer o que quisesse com eles. Durante o ano de 1970, ele iniciou um relacionamento com dois garotos, Elmer Henley e David Brooks, que estavam de prontidão e dispostos a ajudá-lo a levar suas fantasias ao próximo estágio.

Os cúmplices

David Brooks nasceu em Beaumont, Texas, em 1955. Seus pais estavam divorciados no início dos anos 1960, quando David tinha apenas cinco anos de idade. Elmer Henley era um desistente da escola que sofria de acne e tinha problemas com bebida.

De acordo com Henley, em seguida, Corll ofereceu dinheiro aos garotos – 200 dólares por vez – para que levassem jovens do sexo masculino a ele, não apenas para ter relações sexuais, mas para torturar e matar. No entanto, há poucas evidências de que sequer o dinheiro tenha trocado de mãos, e parece mais provável que Henley inventou essa história. O cenário mais óbvio é que Brooks e Henley participaram espontaneamente, não apenas do sexo abusivo que estava acontecendo no apartamento de Corll, mas também dos assassinatos seguintes.

De acordo com Brooks, o primeiro assassinato de Corll aconteceu em algum período em meados de 1970. A vítima era um universitário viajante chamado Jeffrey Konen. Em dezembro de 1970, ele assassinou no mesmo dia James Glass, de 14 anos, e David Yates, de 15 anos. Em janeiro de 1971, ele assassinou dois irmãos, Donald e Jerry Waldrop. Em outra ocasião ele matou um garoto chamado Billy Baulch e então esperou um ano antes de raptar e matar o irmão de Billy, Mike. A maioria das vítimas de Corll era adolescente, porém um garoto que vivia do outro lado da rua de Corll tinha apenas nove anos.

Terrivelmente, muitas dessas pessoas jovens eram amigas de Henley e Brooks; crianças que estavam felizes por acompanhar seus amigos em uma festa, apenas para se fartarem de álcool até perderem o discernimento. Eles acordaram presos a uma das bancas de tortura

"Ele sentia atração especialmente por adolescentes e tinha predileção por sadomasoquismo"

de Corll feitas sob medida, antes de finalmente serem mortos em um furor violento que geralmente culminava em Corll mordendo seus genitais e bebendo seu sangue ao mesmo tempo.

A carreira maligna de Corll mal atraiu a atenção da polícia. Alguns pais das crianças desaparecidas tentaram fazer com que a polícia investigasse, mas foram recebidos na maioria das vezes com indiferença vergonhosa.

No entanto, em 8 de agosto de 1971, após três anos de massacres, Elmer Henley levou uma adolescente a uma das festas de Corll. Corll não gostou muito, pois as festas eram de interesse estritamente masculino. Ele ofereceu bebidas aos adolescentes até que perdessem a consciência, e quando eles a recobraram, estavam amarrados, incluindo o próprio Henley. Henley, obviamente, sabia o que estava prestes a acontecer em seguida. Ele convenceu Corll a soltá-lo, dizendo que ele estupraria e mataria a garota para o deleite de Corll. Corll concordou e ele baixou sua guarda a tempo suficiente para que Henley pegasse a arma de Corll e atirasse em sua cabeça.

Legítima defesa?

Henley então chamou a polícia. Quando os policiais chegaram, ele os disse que havia agido em legítima defesa e que Corll era um assassino. No início, a polícia estava em dúvida: até onde todos sabiam, Corll era um cidadão respeitável. Porém, a visão de suas bancadas de tortura foi suficiente para que eles permitissem que Henley os levasse a uma marina que Corll havia alugado, no sudeste de Houston. Um percurso até Lake Sam Rayburn os levou a mais quatro sepulturas; outras seis foram encontradas na praia de High Island, totalizando 27 mortos. Henley insistiu que havia pelo menos mais dois cadáveres no estaleiro e outros dois em High Island, mas a polícia interrompeu a busca. Céticos sugeriram que isso se deu porque tão logo eles haviam desenterrado cadáveres o suficiente para quebrar o recorde de Corona – 25 corpos –, eles perderam o interesse.

Brooks e Henley tentaram culpar um ao outro, e até o falecido Dean Corll. Henley foi condenado à prisão perpétua em agosto de 1974 e Brooks recebeu a mesma sentença, em março de 1975.

Índice Remissivo

A

Anders, Meg 168, 273
Anderson, Terri 60, 98, 273
arsênico 13, 16, 17, 273
Assassinatos ABC 232, 273
Assassino da Banheira com Ácido 259
assassino do biquíni 94, 273
assassino misto 40, 273
Assassinos dos Pântanos 62, 273

B

Bailey, F. Lee 230, 231, 273
Balazs, Claralyn "Cricket" 118, 121, 273
Baldwin, Jefferson 179, 273
Bastholm, Mary 74, 273
Beck, Irmgard 81, 86, 88, 89, 90, 91, 228, 273
Beck, Martha 81, 86, 90, 91
Bell, Mabel 129, 273
Bennett, Keith 67, 273
Berkowitz, David 149, 150, 152, 153, 154, 273
Bernardo, Paul 51, 57, 58, 59, 60, 61, 273
Bianchi, Kenneth 51, 213, 217, 218, 220, 221, 273
Biryuk, Lyuba 136, 273
Bollivar, Jennie 94, 273
Bond, Lonnie 121, 122, 273
Borom, Mildred 216, 273
Borowski, Lorraine 188, 273
Boyd, Kelli 220, 273
Brady, Ian 51, 62, 63, 65, 66, 67, 68, 273
Braggs, Charles 14, 273

Brewer, Marion 215, 273
Brooks, David 270
Brooks, Stephanie 167, 168
Bruder, Barbara 46, 274
Budd, Edward 35, 36, 37, 274
Budd, Grace 37
Bundy, Carol 51, 52, 54
Bundy, Theodore Robert "Ted" 166, 274
Buono, Angelo 51, 213, 217, 218, 219, 220, 221, 274

C

"Caçador da Noite" 127, 130
Campbell, Caryn 170, 274
Campino, Nannette 219, 274
Carns, William 130, 274
Carr, Carswell 184
Carrou, Charmaine 94, 274
Carskaddon, Charles 110, 274
Castillo, Mary 219, 274
Chambers, Alison 78, 274
Chapman, Annie "Dark Annie" 10, 191, 274
"Chefe das Forças do Mal" 216, 274
Chikatilo, Andrei 133, 134, 135, 136, 137, 160, 274
Christie, Reginald 213, 222, 223, 224, 225, 226, 274
cianureto 18, 21, 121, 274
Cidade do México 115, 116, 117, 274
Clark, Douglas Daniel 51, 52, 53, 54, 55, 56, 274
cocaína 116, 127, 274
Cofer, Janet 216, 274
"Colar de Chattahoochee" 214, 274
Cole, Carroll Edward "Eddie" 237, 250, 251, 252, 253, 274
Collison, Merle 72, 274
Colville, Robert 71, 274
Compton, Veronica 221, 274
Constanzo, Adolfo de Jesus 114, 115, 116, 117, 274
Copeland, Faye 81, 82, 83, 84, 85, 274
Copeland, Ray 81, 82, 83, 84, 85
Corll, Dean 269, 270, 271, 274
Corona, Juan 237, 238, 240, 274
Corona, Natividad 238, 240, 274
Costello, Catherine "Rena" 73, 274

D

Dahmer, Jeffrey 29, 30, 31, 32, 33, 97, 196, 269, 275
Dardenne, Sabine 140, 141, 275
DaRonch, Carol 169, 170, 275
Dawson, Ann 184, 275
Delaware, Sandra 35, 189, 275
Delhez, Laetitia 140, 141, 275
DeMasi, Donna 153, 275
Dempsey, Doreen 175, 275
Denaro, Carl 152, 275
DeSalvo, Albert 227, 228, 229, 230, 231, 275
d'Escogne, Felix 93, 274
Diel, John 153, 275
Dimenstein, Jean 215, 275
Doi, William 129, 275
Doss, Nancy "Nannie" 14, 275
Doss, Samuel 17
Douglas, John 243
Downey, Leslie Ann 67, 68, 275
Downing, Delphine e Rainelle 91, 275
Doxtator, James 31, 32, 275
Durand-Deacon, Olivia 261, 262, 275
Dutroux, Marc 133, 138, 139, 140, 141, 275

E

Eddowes, Catherine 10, 192, 193, 275
Eddy, Muriel 195, 226, 275
Edwards, Tracy 32, 275
Esau, Alexander 153, 275
"Estrangulador da Meia" 214, 275
"Estrangulador de Boston" 213, 227, 275
"Estranguladores de Hillside" 213, 217, 275
"Estripador de Rostov" 134, 275
"Estripador de Yorkshire" 187, 206, 275
"Estripadores de Chicago" 187, 188, 275
Evans, Beryl 226
Evans, Edward 68
Evans, Timothy 222, 226

F

Farmer, Nellie 104, 215, 275
Fawkes, Sandy 181, 184, 275
Fay, Janet 91, 275
Fencl, Lillian 72, 275
Fernandez, Raymond 81, 86, 88, 89, 90, 91, 276
"Filho de Sam" 150, 154, 276
Fish, Hamilton "Albert" 34, 35, 36, 37, 38, 276
Fleming, Charles 239, 276
French, Kristen 60, 61, 276
Freund, Christine 153, 276
Fuerst, Ruth 226, 276
Fugate, Caril 69, 72, 276

G

Gacy, John Wayne 8, 9, 44, 133, 142, 143, 144, 145, 146, 189, 269, 276
Gaffney, Billy 37, 216, 276
Gallichan, David 204, 276
Gary, Carlton 214, 215, 216, 276
Gaskins, Donald "Pee Wee" 165, 172, 174, 175, 276
Gecht, Robin 188, 189, 190, 276
Gein, Ed 196, 200, 201
Giese, Petra 46, 276
Glass, James 270, 276
Golding, Paula 243, 276
Grans, Hans 247, 248, 249, 276
Grundy, Kathleen 26, 27, 276
Guerrero, Richard 32, 276
Gunnar, Charles 121, 276
Gunness, Peter 20
Gunther, Renata 130, 276

H

Haarmann, Friedrich "Fritz" 97, 244, 245, 246, 247, 248, 249, 276
Haigh, John George 259, 261, 262, 264, 276
Hallett, Sally 43, 276
Hansen, Robert C. 237, 241, 242, 243, 276
Harris, Thomas 34, 134, 196, 276
Healy, Lynda 168, 276
Hemker, Cornelia "Cocky" 94, 276

Hernandez, Maria 128
Hicks, Stephen 30, 276
Higgins, Patty 129, 276
Hindley, Myra 51, 62, 63, 65, 66, 68, 276
Ho, Andrew 204, 276
Hoff, Carole 144, 276
Hogan, Mary 200, 201, 276
"Homem Medida" 229, 277
Homolka, Karla 51, 57, 58, 59, 60, 61, 277
Hudspeth, Cindy 221, 277

J

Jack, o Estripador 10, 97, 187, 191, 192, 195, 206, 222, 259, 277
Jackson, Ferne 215
Jacob, Avoni 95, 277
Jensen, Robert 71, 277
Jessup, Georgia 104, 277

K

Kastin, Lissa 220, 277
Keenan, Rosemary 152, 277
Kelly, Mary 10, 193, 277
Kemper, Edmund 40
Kent, Debbie 170, 277
Ketter, Marion 48, 277
Kilbride, John 67, 68, 277
Kilroy, Mark 116, 117, 277
King, Carol 71
King, Will 37
Kirby, Janice 175, 277
Kiss, Bela 18, 256, 257, 258, 277
Knowles, Paul 165, 181, 183, 184, 185, 277
Kokoraleis, Andrew 190
Kokoraleis, Thomas 190
Konen, Jeffrey 270, 277
Koo, Aiko 42, 277
Kordiyeh, Ali Reza Khoshruy Kuran 265, 266, 267, 268, 277
Korostik, Svetlana 137, 277
Kostoyev, Issa 137, 277
Kravchenko, Alexander 136, 277
Kroll, Joachim Georg 29, 45, 46, 48, 49, 277

L

Lake, Leonard 51, 118, 119
Lanning, Arlie 16, 277
Lauria, Donna 152, 277
Leach, Kimberley 170, 208, 277
Lecter, Hannibal 29, 34, 134, 277
Lejeune, Julie 140, 277
Leon, Alvaro de 117, 277
Lin, Alice 43, 278
Loewert, Erna 244, 278
Lomino, Joanna 153, 278
"lonely hearts killers" 86, 278
Lopez, Pedro 22, 113, 124, 125, 126, 278
Lucas, Henry Lee 97, 98
Lucas, Viola 98, 100
Luchessa, Anita 42, 278
Lupo, Salvatore 154, 278
Lusk, George 192, 278

M

MacDonald, Jayne 208, 210, 278
Mackenzie, Susan 184, 278
maconha 116, 127, 146, 270, 278
Mallory, Richard 110, 278
Malvo, John 149, 155, 157, 158, 159, 278
Mantic, Karen 221, 278
Marchal, An 140, 278
Martin County, Flórida 104, 278
Martin, Kimberly 221
Martin, Michele 138, 140, 141
Massacre de Jonestown 101, 278
Masters, Brian 8, 202, 278
Maybrick, James 195, 278
McCann, Wilma 207, 278
McCormick, Jack 84, 278
McFall, Anne 74, 278
McMahon, George 179, 278
McSwann, Donald 261, 262, 278
"Meias cor de laranja" 101
Meyer, James 71, 185, 278
Miller, Judy 220
Miller, Mark 143

Mitchell, John Lee 215, 278
"monstro dos Andes" 22
Moore, Tyria 110, 111, 278
morfina 13, 22, 26, 278
Morrow, Sherry 242, 278
Moskowitz, Stacy 154, 278
Muhammad, John Allen 149, 155, 157, 158, 159, 279
Murray, John 54, 56, 279
Myers, Marlyn 143, 279

N

Naslund, Denise 168, 169, 279
Nassar, George 229, 230, 279
Neely, Diane Bellamy 175
Neely, Walter 175
Ng, Charles "Charlie" 51, 118, 119, 120
Nichols, Mary "Polly" 10, 191, 279
Nilsen, Dennis Andrew "Des" 8, 9, 202, 203, 204, 205, 222, 279
Noble, Deborah 220, 279

O

Ockendon, Kenneth 204, 279
O'Connor, Brenda 121, 122, 279
Okazaki, Dayle 128, 279
O'Leary, John 179, 279
O'Neill, Bonnie Sue 251, 279
Onoprienko, Anatoly 160, 162, 163, 279
Ott, Janice 168, 169, 279
Owens, Caroline 76
Owens, Suzanne Kipper 175

P

"palhaço assassino" 142, 279
Palo Mayombe 115, 279
Panzram, Carl 176, 177, 178, 179, 180, 279
Pappas, Carole 189, 279
Pesce, Mary Ann 42, 279
petidina 23, 279
Pierce, Kathie 183, 279
Piest, Robert 146, 279
Place, Susan 104, 222, 224, 225, 226, 279

Placido, Judy 154, 279
Plainfield, Wisconsin 196, 201, 279
Poveda, Carvina 126, 279
Powell, Becky 100, 101, 279
Psicose 196, 200, 201, 279
Puetman, Gabrielle 48, 279

Q

Quicker, Walter 46, 279
Quintana, Martin 115, 116, 117, 280

R

Ramirez, Richard 113, 127, 128, 129, 130, 131, 280
Reade, Pauline 67, 280
Rignall, Jeffrey 146, 280
Rivera, Vincent 103, 105, 280
Rogozin, Sergei 160, 280
Rogulskyj, Anna 206, 280
Rohling, Ursula 48, 280
Rothe, Friedel 247, 280
Russo, Melissa 140

S

Saddleworth Moor 67, 280
Santa Cruz 42, 43, 280
Santeria 114, 280
Schaefer, Gerard John "G J" 97, 102, 103, 104, 105, 280
Schay, Peter 48, 280
Schell, Cindy 42, 280
Schickel, Adolf 48, 280
Sears, Anthony 32, 280
Shakhty, Russia 135, 136, 280
Shipman, Primrose 13, 22, 24, 26, 27, 124, 280
Sickert, Walter 191, 280
Siems, Peter 110, 111, 280
Sithole, Moses 232, 234, 235, 280
Smelt, Olive 207, 280
Smith, David 68, 280
Sobhraj, Charles 81, 92, 93
Sorenson, Mads 18, 280
Spears, Becky 220

Spears, David 110
Spreitzer, Edward 188, 190, 280
Srehl, Irmgard 45, 280
Stapley, Scott 121, 122, 280
Starkweather, Charles 69, 70, 71, 72, 280
Stride, Elizabeth "Long Liz" 192, 195, 280
Suriani, Valentina 153, 280
Sutcliffe, Peter 206
Sutton, Linda 188, 280

T

Tafel, Monika 46, 281
Taqiabadi, Ahmad 268, 281
Tesmer, Klara Frieda 45, 281
Thomas, Jane 88
Thorpe, Rosalind 43, 281
Thurmond, Martha 216, 281
Tkachenko, Larisa 136, 281
Toepfer, Karin 48, 281
Toole, Ottis 100, 101, 281
Trotter, Nancy 104, 281
Tuomi, Steven 31, 281
Tyner, Randolph 175, 281

U

Uszacke, Alexander 180, 281

V

Vicow, Jennie 128, 281
Violante, Robert 154, 281
vodu 88, 281
Voskerichian, Virginia 153, 281

W

Ward, Clara 71, 72, 281
Warnke, Robert 180, 281
Washington, Yolande 220
Weinstein, Bernard 140, 281
Wells, Pamela 104, 281
West, Fred 73, 74, 75

West, Rosemary 73, 79
Whitacre, Kenneth 238, 281
Whitworth, Billie 251, 281
Wilder, Diane 221, 281
Wilseyville, Califórnia 121, 281
Wilson, Exxie 55, 281
Woodruff, Angela 26
Woodruff, Kathleen 216
Worden, Bernice 201, 281
Wuornos, Aileen 97, 106, 108, 110, 111, 281

Y

Yates, David 270
Young, Myrtle 91, 281

Z

Zakotnova, Lenochka 135, 281

Bibliografia

PAUL, Begg. *Jack The Ripper: The Facts*, London: Robson, 2004.

BURN, Gordon. *Happy Like Murderers*, London: Faber and Faber, 1998.

CYRIAX, Oliver. *Crime: An Encyclopedia*, London: Andre Deutch, 1993.

DAVIS, Carol Anne. *Women Who Kill*, London: Allison & Busby, 2002.

LEYTON, Elliot. *Hunting Humans*, New York: Seal, 1987.

MASTERS, Brian. *Killing for Company*, London: Jonathan Cape, 1985.

MOOSE, Charles. A.; FLEMING, Charles. *Three Weeks in October*, New York: Dutton, 2003.

NEWTON, Michael. *The Encyclopedia of Serial Killers*, New York: Facts on File, 2008.*

RULE, Ann. *The Stranger Beside Me*, New York, 1980.

SCHECHTER, Harold. *The Serial Killer Files*, New York: Ballantine, 2003.

* N.E.: Livro publicado em língua portuguesa pela Madras Editora sob o título *A Enciclopédia de Serial Killers*, em 2008.

Créditos de Fotos

Fotos reproduzidas graças a gentil permissão de:

AP/Worldwide: 71, 119, 120, 181, 233

Corbis: 16, 23, 24-25, 38-39, 41, 64-65, 86-87, 89, 92, 94, 102, 107, 108-109, 139, 167, 169, 178, 197, 198-199, 200, 207, 223, 227, 231, 260, 262-263, 265, 266

Crime Library: 52, 82, 114, 124, 188, 241, 256, 257

Houston Public Library: 269

Hulton Getty: 67, 76-77, 99, 114-115, 137, 144-145, 182, 194, 208-209, 227, 229, 264

Rex: 83, 103, 156, 161, 245, 246-247, 248

Summer Item: 172

Topfoto: 15, 19, 31, 36, 53, 54, 62, 63, 70, 74, 75, 128, 135, 142, 151, 152-153, 192-193, 195, 203, 205, 215, 218, 219, 239

Por dentro das mentes Assassinas

A história dos perfis criminosos

Paul Roland

Muitos assassinos infames são retratados nestas páginas, a essência sombria deste livro explora a natureza do mal e o que motiva homens, mulheres e algumas vezes até crianças a cometer os mais pavorosos atos imagináveis. Ele também desfaz o mito do crime sem motivação e desafia a crença popular de que todos os assassinos são loucos. Roland escreveu um livro significativo... Uma leitura fascinante e abordagem singular do tema.

A Enciclopédia de Serial Killers

Michael Newton

O fenômeno de assassinatos em série sempre foi considerado, ao mesmo tempo, o mais macabro e o mais fascinante ramo da criminologia moderna. Apenas recentemente autoridades policiais, psicólogos e cientistas removeram o véu de mistério para desvendar os segredos, os motivos e os perigos que os serial killers escondiam.

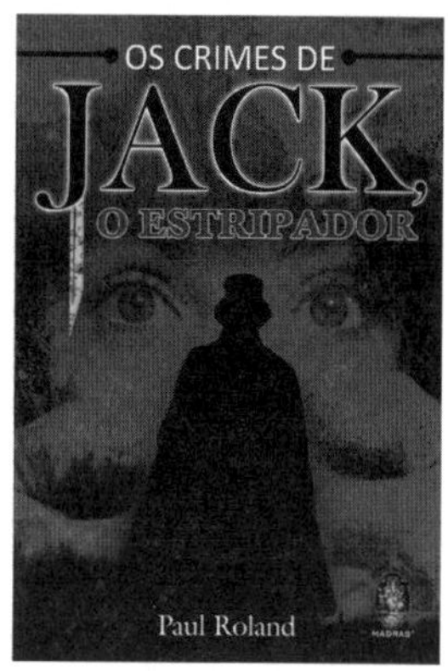

A Construção do Futuro

Paul Roland

Mais de um século depois de suas emboscadas nas ruas do East End de Londres, o assassino em série Jack, o Estripador, continua exercendo um fascínio macabro na imaginação popular. Depois de escrupulosamente reexaminar documentos oficiais da época, o jornalista investigativo Paul Roland descortina um mito e conceitos equivocados de décadas para revelar a identidade de um novo suspeito que nunca foi seriamente considerado até hoje.

MADRAS® Editora

CADASTRO/MALA DIRETA

Envie este cadastro preenchido e passará a receber informações dos nossos lançamentos, nas áreas que determinar.

Nome ____________________

RG ____________ CPF ____________

Endereço Residencial ____________________

Bairro ____________ Cidade ____________ Estado ______

CEP ____________ Fone ____________

E-mail ____________________

Sexo ❑ Fem. ❑ Masc. Nascimento ____________

Profissão ____________ Escolaridade (Nível/Curso) ____________

Você compra livros:

❑ livrarias ❑ feiras ❑ telefone ❑ Sedex livro (reembolso postal mais rápido)

❑ outros: ____________________

Quais os tipos de literatura que você lê:

❑ Jurídicos ❑ Pedagogia ❑ Business ❑ Romances/espíritas

❑ Esoterismo ❑ Psicologia ❑ Saúde ❑ Espíritas/doutrinas

❑ Bruxaria ❑ Autoajuda ❑ Maçonaria ❑ Outros:

Qual a sua opinião a respeito desta obra? ____________________

____

Indique amigos que gostariam de receber MALA DIRETA:

Nome ____________________

Endereço Residencial ____________________

Bairro ____________ Cidade ____________ CEP ____________

Nome do livro adquirido: Serial Killers

Para receber catálogos, lista de preços e outras informações, escreva para:

MADRAS EDITORA LTDA.
Rua Paulo Gonçalves, 88 – Santana – 02403-020 – São Paulo/SP
Caixa Postal 12183 – CEP 02013-970 – SP
Tel.: (11) 2281-5555 – Fax.:(11) 2959-3090
www.madras.com.br

Este livro foi composto em Times New Roman, corpo 11,5/13.
Papel Ofset 75g
Impressão e Acabamento
Neo Graf Ind Gráfica e Editora
Rua João Ranieri, 742 – Bonsucesso – Guarulhos
CEP 07177-120 – Tel/Fax: 3333 2474